PUTONGHUA SHUIPING CESHI XU

普通话水平测试训练教材

唐若石 陈丽菊 编

海峡出版发行集团 | 福建人民出版社
THE STRAITS PUBLISHING & DISTRIBUTING GROUP | FUJIAN PEOPLE'S PUBLISHING HOUSE

目　　录

代　前　言

国家推广全国通用的普通话。普通话是以汉语文授课的各级各类学校的教学用语；是以汉语传送的各级广播电台、电视台和汉语电影、电视剧、话剧必须使用的规范用语；是我国党政机关、团体、企事业单位干部在工作中必须使用的公务用语；是不同方言区以及国内不同民族之间人们的交际用语。

2000 年 10 月 31 日，第九届全国人民代表大会常务委员会第十八次会议通过的《中华人民共和国国家通用语言文字法》第十九条规定："凡以普通话作为工作语言的岗位，其工作人员应当具备说普通话的能力。以普通话作为工作语言的播音员、节目主持人和影视话剧演员、教师、国家机关工作人员的普通话水平，应当分别达到国家规定的等级标准；对尚未达到国家规定的普通话等级标准的，分别情况进行培训。"

第二十四条规定："国务院语言文字工作部门颁布普通话水平测试等级标准。"

掌握和使用一定水平的普通话，是进行现代化建设的各行各业人员，特别是播音员、节目主持人、教师、影视话剧演员以及国家机关工作人员必备的职业素质。因此，有必要对上述岗位的从业人员进行普通话水平测试，并逐步实行持等级证书上岗制度。

普通话是汉民族的共同语，是规范化的现代汉语；是全国通用的语言。共同的语言和规范化的语言是不可分割的，没有一定的规范就不可能做到真正的共同。普通话的规范指的是现代汉语在语言、词汇、语法各方面的标准。普通话水平测试是推广普通话工作的重要组成部分，是使推广普通话工作逐步走向制度化、科学化、规范化的重要举措。推广普通话促进语言规范化，是汉语发展的总趋势。普通话水平测试工作的健康开展必将对社会的语言生活产生深远的影响。

汉语方言复杂，语音乃至词汇、语法因时因地而异。无庸讳言，有的地方话较为接近普通话，有的地方则跟普通话的标准存在较大的差异。进行普通话水平测试必须坚持统一的标准，坚持测试工作的科学性和严肃性。鉴于普通话在一些地区还不够普及，提高工作还需要逐步强化，从实际出发，在一段时间内，对不同方言区在要求上应该有所区别。

为了突出语音检测的要求，普通话水平测试一律采用口试方式。测试的内容包括有文字凭借的和没有文字凭借的两部分。有文字凭借的测试项应分别体现语音、词汇、语法和阅读理解与朗读程度的测试，各类题目要有明确的目的、要求；无文字凭借的说话部分，全面（语音、词汇、语法）检测和评估应试人使用普通话时所达到的规范程度。

摘自《普通话水平测试实施纲要·总论》

编写说明

本《训练》是根据三部委（国家语委、教委、广电部）《关于开展普通话水平测试工作的决定》的指示精神，以国家语委普通话培训测试中心组织编制的《普通话水平测试实施纲要》（以下简称《纲要》）为依据加以改编而成。它具有以下特点：

1. 内容具有权威性。本教材以《纲要》为蓝本，对《纲要》所有用字（计 3795 个）和 60 篇朗读篇目全收全录，对参加普通话测试的应试人有很强的指导作用。

2. 编排具有实用性。本教材针对福建方言区的特点，采取循序渐进、由浅入深的训练方式，内容分为声母、韵母、声调等部分；同时加大对难中之难的轻声词、儿化词的重视，不但全部归类，还以便于记忆为编排原则。对三音节以上的词语，也单独列出训练。

3. 训练具有明确性。本教材以应试人为主要对象，以普通话水平测试试卷的各个部分来构筑框架，根据测试的要求进行提示、讲解，使应试人一书在手，即对测试的程序、要求、标准有明确的认识。

此外，本书为便于编排，轻声词中间一般不加小圆点。依据《纲要》的要求，将轻声分为“轻声词”（即必读轻声）与“轻读词”（即可以轻读可以不轻读，但在朗读说话时以轻读的语感为好）两种。

编写说明

普通话语音基本知识

按照汉语传统的分析方法，把一个音节分析成声母和韵母两部分，再就是一个贯穿整个音节的声调。音节是语音结构的基本单位，也是自然感到的最小的语音片断。一般来说，一个汉字表示一个音节。

一、声母

声母指音节中位于元音前头的部分，大多是音节开头的辅音。传统的名字叫“字头”，它会影响到字音的清晰度，因此，练好声母的发音，是字音准确的基础。

b	白鼻拔办	p	爬皮谱破	m	苗米骂目	f	扶罚饭肺
d	达滴点戴	t	他田土特	n	拿男牛你	l	狼蜡泪例
g	该弓果挂	k	可苦块阔			h	哈汉后坏
j	加巨叫借	q	千齐求去			x	吸些小夏
zh	之找驻债	ch	出城茶尺	sh	十手术税	r	热入肉若
z	杂贼早在	c	残草刺册	s	三思洒岁		

1. 双唇音　b　p　m

b　双唇、不送气、清、塞音（是双唇音、不送气音、清音、塞音的简称，以下类推）。发音时，双唇闭合，软腭上升，堵塞鼻腔通路，声带不颤动，较弱的气流冲破双唇的阻碍，迸裂而出，爆发成声。例如：

颁布　bānbù　　包庇　bāobì　　卑鄙　bēibǐ　　臂膀　bìbǎng

p　双唇、送气、清、塞音。与b大致相同，只是气流较强。例如：

匹配　pǐpèi　　偏僻　piānpì　　偏颇　piānpō　　品评　pǐnpíng

m　双唇、浊、鼻音。发音时，双唇闭合，软腭下降，鼻腔畅通。气流振动声带，从鼻腔通过形成鼻音；阻碍解除时，气流冲破双唇的阻碍，发出轻微的塞音。例如：

茂密　màomì　　冒昧　màomèi　　谩骂　mànmà　　弥漫　mímàn

2. 唇齿音　f

f　唇齿、清、擦音。发音时，下唇接近上齿，形成窄缝，软腭上升，堵塞鼻腔通道，气流不颤动声带，从唇齿间的窄缝中挤出，摩擦成声。例如：

芬芳　fēnfāng　　纷飞　fēnfēi　　孵化　fūhuà　　绯红　fēihóng

3. 舌尖中音　d　t　n　l

d　舌尖中、不送气、清、塞音。发音时，舌尖抵住上齿龈，软腭上升，堵塞鼻腔通路，声带不颤动，较弱的气流冲破舌尖的阻碍，迸裂而出，爆发成声。例如：

得到 dédào　　奠定 diàndìng　　顶端 dǐngduān　　调动 diàodòng

t 舌尖中、送气、清、塞音。与 d 大致相同，只是气流较强。例如：

淘汰 táotài　　探听 tàntīng　　调停 tiáotíng　　剃头 tìtóu

n 舌尖中、浊、鼻音。发音时，舌尖抵住上齿龈，软腭下垂，打开鼻腔通路，气流振动声带，从鼻腔通过发音；阻碍解除时，气流冲破舌尖的阻碍，发出轻微的塞音。例如：

恼怒 nǎonù　　袅袅 niǎoniǎo　　暖流 nuǎnliú　　浓烈 nóngliè

l 舌尖中、浊、边音。发音时，舌尖抵住上齿龈，软腭上升，堵塞鼻腔通路，气流振动声带，从舌头两边或一边通过。例如：

利率 lìlǜ　　联络 liánluò　　冷凝 lěngníng　　冷暖 lěngnuǎn

4. 舌根音　g　k　h

g 舌根、不送气、清、塞音。发音时，舌根隆起抵住软腭，软腭后部上升，堵塞鼻腔通路，声带不颤动，较弱的气流冲破阻碍，爆发成声。例如：

巩固 gǒnggù　　广告 guǎnggào　　感慨 gǎnkǎi　　广阔 guǎngkuò

k 舌根、送气、清、塞音。与 g 大致相同，只是气流较强。例如：

开垦 kāikěn　　空旷 kōngkuàng　　苛刻 kēkè　　开关 kāiguān

h 舌根、清、擦音。发音时，舌根接近软腭，留出窄缝，软腭上升，堵塞鼻腔通路，声带不颤动，气流从舌根和软腭形成的窄缝中挤出，摩擦成声。例如：

绘画 huìhuà　　挥霍 huīhuò　　惶惑 huánghuò　　耗费 hàofèi

5. 舌面音　j　q　x

j 舌面前、不送气、清、塞擦音。发音时，舌面前部抵住硬腭前部，软腭上升，堵塞鼻腔通路，声带不颤动，较弱的气流把舌面前部的阻碍冲开一条窄缝，并从中挤出，摩擦成声。例如：

军舰 jūnjiàn　　结晶 jiéjīng　　即将 jíjiāng　　拒绝 jùjué

q 舌面前、送气、清、塞擦音。舌面活动与 j 大致相同，只是气流较强。例如：

氢气 qīngqì　　祈求 qíqiú　　侵权 qīnquán　　情境 qíngjìng

x 舌面前、清、擦音。发音时，舌面前部接近硬腭前部，留出窄缝，软腭上升，堵塞鼻腔通路，声带不颤动，气流从舌面前部和硬腭前部形成的窄缝中挤出，摩擦成声。例如：

小型 xiǎoxíng　　下旬 xiàxún　　闲暇 xiánxiá　　星系 xīngxì

6. 舌尖后音　zh　ch　sh　r

zh 舌尖后、不送气、清、塞擦音。发音时，舌尖上翘，抵住硬腭前部，软腭上升，堵塞鼻腔通路，声带不颤动，较弱的气流把舌尖的阻碍冲开一道窄缝，并从中挤出，摩擦成声。例如：

症状 zhèngzhuàng　　真挚 zhēnzhì　　斟酌 zhēnzhuó　　沼泽 zhǎozé

ch 舌尖后、送气、清、塞擦音。舌尖活动与 zh 大致相同，只是气流较强。例如：

潺潺 chánchán　　惩处 chéngchǔ　　戳穿 chuōchuān　　驰骋 chíchěng

sh 舌尖后、清、擦音。发音时，舌尖上翘，接近硬腭前部，形成窄缝，软腭上升，堵塞鼻腔通道，声带不颤动，气流从舌尖和硬腭前部形成的窄缝中挤出，摩擦成声。例如：

闪烁 shǎnshuò　　税收 shuìshōu　　硕士 shuòshì　　深邃 shēnsuì

r 舌尖后、浊、擦音。发音状况同 sh 大致相同，只是摩擦比 sh 弱，同时声带颤动，气流带音（注：发 r 时舌头最翘）。例如：

仍然 réngrán　　柔软 róuruǎn　　冉冉 rǎnrǎn　　容忍 róngrěn

7. 舌尖前音　z　c　s

z 舌尖前、不送气、清、塞擦音。发音时，舌尖轻轻抵住上齿背，软腭上升，堵塞鼻腔通路，声带不颤动，较弱的气流把舌尖与上齿背的阻碍冲开一道窄缝，并从中挤出，摩擦成声。例如：

再造 zàizào　　啧啧 zézé　　阻止 zǔzhǐ　　宗旨 zōngzhǐ

c 舌尖前、送气、清、塞擦音。发音状况同 z 大致相同，只是气流较强。例如：

草丛 cǎocóng　　苍翠 cāngcuì　　摧残 cuīcán　　存储 cúnchǔ

s 舌尖前、清、擦音。发音时，舌尖接近上齿背，形成窄缝，软腭上升，堵塞鼻腔通路，声带不颤动，气流从舌尖和上齿背的窄缝中擦出而成声。例如：

搜索 sōusuǒ　　琐碎 suǒsuì　　私塾 sīshú　　唆使 suōshǐ

二、韵母

韵母指音节中声母后面的部分，主要由元音构成，也有的由元音加鼻辅音构成。韵母按结构可分单元音韵母、复元音韵母和带鼻音韵母三类。

		i	衣移一义	u	屋五无物	ü	于愚雨育
a	巴麻马法	ia	压崖牙亚	ua	挖洼瓦袜		
o	拨摸波末			uo	涡多我卧		
e	鹅额扼饿	ie	也冶业曳			üe	月越岳悦
ai	哀矮艾爱			uai	歪拐外怪		
ei	杯飞雷每			uei	微围尾位		
ao	包高凹傲	iao	腰妖摇药				
ou	欧偶呕斗	iou	优由有幼				
an	安岸暗黯	ian	烟言眼厌	uan	弯完晚万	üan	元援远院
en	恩根门本	in	因银引印	uen	温文稳问	ün	匀允运韵
ang	帮昂旁挡	iang	秧羊养样	uang	汪王网忘		
eng	灯成恒梦	ing	英营影硬	ueng	翁瓮		
				ong	冬农虫孔	iong	拥永勇用

1. 单元音韵母，发音时舌位、唇形及开口度始终不变

a 舌面、央、低、不圆唇元音。发音时，口大开，舌位低，舌头居中央（不前不后），唇形不圆。例如：

大厦 dàshà　　打岔 dǎchà　　沙发 shāfā　　刹那 chànà

o　舌面、后、半高、圆唇元音。发音时，口半闭，舌位半高，舌头后缩，唇拢圆。

e　舌面、后、半高、不圆唇元音。发音状况与 o 基本相同，但双唇要自然展开。例如：

合格　hégé　　特色　tèsè

ê　舌面、前、半低、不圆唇元音。发音时，口半开，舌位半低，舌头前伸使舌尖抵住下齿背，唇形不圆。在普通话中，ê 只在语气词“欸”中单用。ê 不与任何辅音声母相拼，只构成复韵母 ie、üe 和带鼻音韵母 ian、üan 中主要元音的音变。书写时省去上面的附加符号“^”。

i　舌面、前、高、不圆唇元音。发音时，唇形成扁平状，舌头前伸使舌尖抵住下齿背。例如：

熠熠　yìyì　　屹立　yìlì　　吸取　xīqǔ　　地域　dìyù

u　舌面、后、高、圆唇元音。发音时，双唇拢圆，留一小孔，舌头后缩，使舌根接近软腭。例如：

幅度　fúdù　　束缚　shùfù　　侮辱　wǔrǔ　　富庶　fùshù

ü　舌面、前、高、圆唇元音。发音状况与 i 基本相同，但唇形拢圆。例如：

区域　qūyù　　寓于　yùyú　　嘘嘘　xūxū　　逾期　yúqī

－i（前）　舌尖前、高、不圆唇元音。发音时，舌尖前伸接近上齿背，气流通路虽狭窄，但气流经过时不发生摩擦，唇形不圆。声带振动。z、c、s 的发音拉长，拉长的部分即是－i（前）的读音。例如：

滋味　zīwèi　　磁铁　cítiě　　肆意　sìyì　　子孙　zǐsūn

－i（后）　舌尖后、高、不圆唇元音。发音时，舌尖上翘接近硬腭前部，气流通路虽狭窄，但气流经过时不发生摩擦，唇形不圆。zh、ch、sh 的发音拉长，拉长的部分即是－i（后）的读音。例如：

支持　zhīchí　　指示　zhǐshì　　实质　shízhì　　致使　zhìshǐ

er　卷舌、央、中、不圆唇元音。它是在［ə］的基础上加上卷舌动作而成。发音时，口腔略开（开口度比［ɛ］略小），舌位居中，舌头稍后缩，唇形不圆，在发元音的同时，舌尖向硬腭卷起。例如：

饵料　ěrliào　　而今　érjīn　　耳环　ěrhuán　　二胡　èrhú

2. 复元音韵母

由复元音构成的韵母。复元音指的是发音时舌位、唇形都有变化的元音。发音时从一个元音的舌位逐渐滑动到另一个元音的舌位，舌位、唇形要逐渐变动，自然连贯，形成整体。按发音中最响度的元音的位置不同，分为前响、后响和中响三类。

（1）前响复韵母

ai、ei、ao、ou。发前头的元音后立刻滑向后头的元音，后者音值含混，只表示舌位滑动的方向。例如：

皑皑　áiái　　胚胎　pēitāi　　懊恼　àonǎo　　抖擞　dǒusǒu

（2）后响复韵母

ia、ie、ua、uo、üe。发音时，前头的元音轻短，只表示舌位从那里开始移动，后头的元音清晰响亮。例如：

假牙 jiǎyá　贴切 tiēqiè　挂花 guàhuā　懦弱 nuòruò　血液 xuèyè

（3）中响复韵母

iao、iou、uai、uei。发音时，前面的元音轻短，中间的元音清晰响亮，后面的元音音值含混，只表示舌位滑动的方向。例如：

叫嚣 jiàoxiāo　悠久 yōujiǔ　外汇 wàihuì　摧毁 cuīhuǐ

3. 带鼻音韵母

指带有鼻辅音的韵母，又叫做鼻音尾韵母。发音时有两个特点：一是元音同后面的鼻辅音不是生硬地结合在一起，而是有机的统一体。发音时，逐渐由元音向鼻辅音过渡，逐渐增加鼻音色彩，最后形成鼻辅音。二是除阻阶段作韵尾的鼻辅音不发音，所以又叫唯闭音。鼻韵母的发音不是以鼻辅音为主，而是以元音为主，元音清晰响亮，鼻辅音重在做出发音状态，发音不太明显。因鼻辅音的不同分为两类。

（1）前鼻尾韵母

an、en、in、ün。发音时，先发元音，紧接着软腭逐渐降下来，增加鼻音色彩，舌尖往上齿龈移动，最后抵住上齿龈发 n，整个韵母发音完毕才除阻。例如：

勘探 kāntàn　愤恨 fènhèn　濒临 bīnlín　均匀 jūnyún

ian、uan、uen、üan。发音时，从前面轻而短的元音（韵头）滑到中间较响亮的主要元音（韵腹），紧接着软腭逐渐降下来，鼻腔通路打开，舌尖往上齿龈移动，最后抵住上齿龈发 n，整个韵母发音完毕才除阻。例如：

惦念 diànniàn　婉转 wǎnzhuǎn　混沌 hùndùn　渊源 yuānyuán

（2）后鼻尾韵母

ang、eng、ing、ong、iong。发音时，先发元音，紧接着舌根往软腭移动并抵住软腭发 ng，整个韵母发音完毕才除阻。ong 的元音 o 应发为 u 音。例如：

档案 dàng'àn　萌生 méngshēng　荧屏 yíngpíng　隆冬 lóngdōng

炯炯 jiǒngjiǒng

iang、uang、ueng。发音时，前面的韵头轻短，只表示舌位从那里开始移动，紧接着发 ang、eng。例如：

镶嵌 xiāngqiàn　像样 xiàngyàng　皇冠 huángguān　狂妄 kuángwàng

三、声调

声调指的是音节中具有区别意义作用的音高变化。汉语中一个汉字基本代表着一个音节，所以，声调又可以叫做字调。同样讲音高的变化，声调与音乐不同。声调的音高变化方式是滑动的，而音乐上讲的音高变化方式主要跳跃式的；声调主要讲相对音高的变化，而音乐主要是指绝对音高。

声调的种类是根据能区别意义的实际发音归纳出来的类，在普通话中分为四类，分别是阴平、阳平、上声、去声。具体发音如下图。

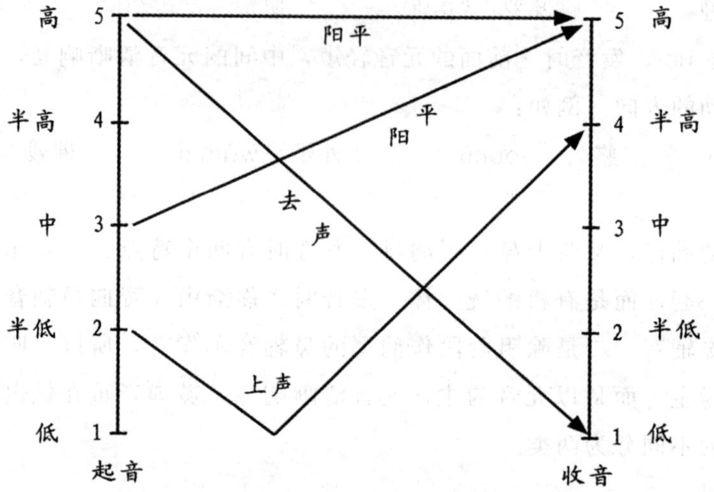

五度标记法

1. 阴平调，调值为55，属高平调（调号标作“ˉ”）。例如：

鬃 zōng　卿 qīng　仨 sā　曰 yuē　掐 qiā　腮 sāi　戌 xū

酥 sū　兹 zī　扦 qiān　皴 cūn　熏 xūn　抻 chēn　缫 sāo

舂 chōng　兮 xī　砷 shēn　拈 niān　剜 wān　祛 qū　滇 diān

2. 阳平调，调值为35，属中升调（调号标作“ˊ”）。例如：

辙 zhé　垣 yuán　寅 yín　裴 péi　徉 yáng　邢 xíng　霖 lín

偕 xié　毋 wú　韦 wéi　佟 tóng　滕 téng　隋 suí　箔 bó

绥 suí　瘸 qué　噙 qín　涎 xián　鳌 áo　镭 léi　畦 qí

3. 上声调，调值为214，属降升调（调号标作“ˇ”）。例如：

佐 zuǒ　冢 zhǒng　酉 yǒu　尹 yǐn　矣 yǐ　禀 bǐng　皖 wǎn

戟 jǐ　擀 gǎn　汝 rǔ　咯 kǎ　耿 gěng　郝 hǎo　麂 jǐ

掸 dǎn　镁 měi　抿 mǐn　氖 nǎi　癣 xuǎn　瞟 piǎo　肘 zhǒu

4. 去声调，调值为51，属全降调（调号标作“ˋ”）。例如：

攥 zuàn　渍 zì　拽 zhuài　仄 zè　苑 yuàn　霰 xiàn　勿 wù

钛 tài　邑 yì　舜 shùn　卅 sà　麝 shè　磬 qìng　沁 qìn

妾 qiè　撬 qiào　吠 fèi　厩 jiù　幂 mì　廿 niàn　阙 què

词语发音有以下几类：

1. 阴平＋阴平

磋商 cuōshāng　低估 dīgū　瘀积 yūjī　衷心 zhōngxīn

偏差 piānchā　倾心 qīngxīn　中庸 zhōngyōng　栖息 qīxī

嚣张 xiāozhāng　乌鸦 wūyā　芭蕉 bājiāo　勋章 xūnzhāng

2. 阴平＋阳平

佳肴	jiāyáo	氛围	fēnwéi	粘连	zhānlián	猖獗	chāngjué
蒸馏	zhēngliú	剔除	tīchú	要挟	yāoxié	湍急	tuānjí
生涯	shēngyá	菠萝	bōluó	侦察	zhēnchá	庸俗	yōngsú

3. 阴平＋上声

秸秆	jiēgǎn	曲解	qūjiě	豁口	huōkǒu	甘薯	gānshǔ
枢纽	shūniǔ	欺侮	qīwǔ	敷衍	fūyǎn	终了	zhōngliǎo
拖累	tuōlěi	吸吮	xīshǔn	应允	yīngyǔn	凄惨	qīcǎn

4. 阴平＋去声

污秽	wūhuì	家眷	jiājuàn	辜负	gūfù	谦逊	qiānxùn
堤坝	dībà	生肖	shēngxiào	诬蔑	wūmiè	希冀	xījì
发酵	fājiào	肤色	fūsè	高亢	gāokàng	瑰丽	guīlì

5. 阳平＋阴平

违约	wéiyuē	舷窗	xiánchuāng	旋涡	xuánwō	葵花	kuíhuā
茶几	chájī	腾飞	téngfēi	芦笙	lúshēng	灵芝	língzhī
盘剥	pánbō	伏击	fújī	元宵	yuánxiāo	蜷缩	quánsuō

6. 阳平＋阳平

牛犊	niúdú	哗然	huárán	奴仆	núpú	谣言	yáoyán
文娱	wényú	潜藏	qiáncáng	巡逻	xúnluó	搪瓷	tángcí
船舷	chuánxián	儒学	rúxué	巢穴	cháoxué	角逐	juézhú

7. 阳平＋上声

得逞	déchěng	繁衍	fányǎn	迷惘	míwǎng	棘手	jíshǒu
攫取	juéqǔ	雌蕊	círuǐ	模板	múbǎn	着想	zhuóxiǎng
勤俭	qínjiǎn	茅草	máocǎo	嘲讽	cháofěng	祈祷	qídǎo

8. 阳平＋去声

沦陷	lúnxiàn	胰腺	yíxiàn	摇曳	yáoyè	棱镜	léngjìng
原谅	yuánliàng	蒲扇	púshàn	穴位	xuéwèi	狭隘	xiá' ài
膨大	péngdà	妨害	fánghài	询问	xúnwèn	颓丧	tuísàng

9. 上声＋阴平

两栖	liǎngqī	乳汁	rǔzhī	吼声	hǒushēng	阐发	chǎnfā
处方	chǔfāng	颈椎	jǐngzhuī	黝黑	yǒuhēi	阻击	zǔjī
杆菌	gǎnjūn	傻瓜	shǎguā	宰割	zǎigē	海参	hǎishēn

10. 上声＋阳平

彩陶	cǎitáo	洗涤	xǐdí	海豚	hǎitún	凯旋	kǎixuán
脸颊	liǎnjiá	抚摩	fǔmó	强求	qiǎngqiú	悄然	qiǎorán
矩形	jǔxíng	柏油	bǎiyóu	古籍	gǔjí	鄙夷	bǐyí

11. 上声＋上声

补给	bǔjǐ	犬齿	quǎnchǐ	好歹	hǎodǎi	眨眼	zhǎyǎn
乞讨	qǐtǎo	土壤	tǔrǎng	耻辱	chǐrǔ	哺乳	bǔrǔ
脊髓	jǐsuǐ	诋毁	dǐhuǐ	苟且	gǒuqiě	给养	jǐyǎng

12. 上声＋去声

顷刻	qǐngkè	许诺	xǔnuò	水泵	shuǐbèng	卤素	lǔsù
鼓励	gǔlì	褶皱	zhězhòu	倚靠	yǐkào	显赫	xiǎnhè
眼眶	yǎnkuàng	打岔	dǎchà	隐没	yǐnmò	鸟瞰	niǎokàn

13. 去声＋阴平

当真	dàngzhēn	末梢	mòshāo	扼杀	èshā	怠工	dàigōng
契机	qìjī	伺机	sìjī	逆差	nìchā	迄今	qìjīn
笨拙	bènzhuō	迸发	bèngfā	沥青	lìqīng	特殊	tèshū

14. 去声＋阳平

菜肴	càiyáo	厚薄	hòubó	驯服	xùnfú	砾石	lìshí
愕然	èrán	浩劫	hàojié	篡夺	cuànduó	讳言	huìyán
庶民	shùmín	鉴别	jiànbié	擅长	shàncháng		

15. 去声＋上声

气馁	qìněi	哮喘	xiàochuǎn	赦免	shèmiǎn	怅惘	chàngwǎng
酵母	jiàomǔ	自给	zìjǐ	遏止	èzhǐ	背脊	bèijǐ
肋骨	lèigǔ	淀粉	diànfěn	伴侣	bànlǚ	内省	nèixǐng

16. 去声＋去声

峭壁	qiàobì	蔑视	mièshì	漠视	mòshì	间作	jiànzuò
炽烈	chìliè	框架	kuàngjià	妒忌	dùjì	诧异	chàyì
悼念	dàoniàn	按捺	ànnà	僻静	pìjìng	教诲	jiàohuì

第一部分　单音节字词

本道题共100个音节（字），占10分。测试应试人的声母、韵母及声调的发音情况。测试要求：①无论是声母、韵母还是声调错误，均按一音节扣0.1分；没有完全错误，但不够到位，每个音节扣0.05分。②每个字只能读一遍，如读错机器已扣分，不可更改。③多音字只需正确地读出其中一个读音，无需读出该字的所有读音。④不允许读成轻声和儿化音。⑤不要省略某个字的读音，否则以错误对待，扣除该字的全部分数。⑥本题限时3.5分钟，超时扣分。超时1分钟以内，扣0.5分；超时1分钟以上（含1分钟），扣1分。

一、单音单频字词

【表一】

苯 běn	丙 bǐng	踩 cǎi	蔡 cài	曹 cáo	槽 cáo	炒 chǎo
秤 chèng	闯 chuǎng	蹬 dēng	邓 Dèng	碘 diǎn	爹 diē	迭 dié
盯 dīng	兜 dōu	吨 dūn	蹲 dūn	俄 é	冯 Féng	钙 gài
搞 gǎo	汞 gǒng	逛 guàng	硅 guī	跪 guì	郭 guō	很 hěn
壶 hú	沪 hù	鸡 jī	拣 jiǎn	捡 jiǎn	碱 jiǎn	蒋 Jiǎng
斤 jīn	茎 jīng	鲸 jīng	九 jiǔ	扛 káng	炕 kàng	棵 kē
啃 kěn	捆 kǔn	犁 lí	咧 liě	刘 liú	六 liù	铝 lǚ
缕 lǚ	枚 méi	酶 méi	孟 mèng	谜 mí	秒 miǎo	某 mǒu
钠 nà	您 nín	潘 pān	彭 péng	七 qī	秦 Qín	娶 qǔ
惹 rě	扔 rēng	鳃 sāi	砂 shā	晒 shài	沈 Shěn	甩 shuǎi
拴 shuān	宋 Sòng	艘 sōu	痰 tán	碳 tàn	汤 tāng	躺 tǎng
趟 tàng	掏 tāo	踢 tī	凸 tū	唯 wéi	魏 Wèi	吴 Wú
吾 wú	锡 xī	蟹 xiè	锌 xīn	徐 xú	咬 yǎo	页 yè
乙 yǐ	亿 yì	亦 yì	铀 yóu	又 yòu	袁 Yuán	粤 yuè
砸 zá	藻 zǎo	盏 zhǎn	赵 Zhào	睁 zhēng	朱 zhū	猪 zhū
煮 zhǔ	赚 zhuàn	桩 zhuāng				

【表二】

癌 ái	庵 ān	袄 ǎo	澳 ào	掰 bāi	扳 bān	蚌 bàng
苞 bāo	钡 bèi	弊 bì	璧 bì	匾 biǎn	膘 biāo	憋 biē
鳖 biē	鬓 bìn	禀 bǐng	钵 bō	铂 bó	帛 bó	跛 bǒ
埠 bù	簿 bù	蹭 cèng	茬 chá	掺 chān	馋 chán	蝉 chán
昌 chāng	橙 chéng	嗤 chī	踹 chuài	捶 chuí	醋 cù	蹿 cuān
崔 Cuī	啐 cuì	搓 cuō	锉 cuò	裆 dāng	嫡 dí	掂 diān
巅 diān	佃 diàn	貂 diāo	叼 diāo	栋 dòng	痘 dòu	窦 dòu
煅 duàn	墩 dūn	炖 dùn	钝 dùn	踱 duó	剁 duò	腭 è
鄂 È	酚 fēn	枫 fēng	弗 fú	氟 fú	甫 fǔ	丐 gài
赣 Gàn	篙 gāo	镐 gǎo	隔 gé	庚 gēng	羹 gēng	梗 gěng
龚 Gōng	垢 gòu	乖 guāi	氦 hài	蚶 hān	韩 Hán	杭 Háng
禾 hé	褐 hè	壑 hè	淮 Huái	槐 huái	徽 huī	喙 huì
荤 hūn	姬 jī	暨 jì	髻 jì	荚 jiá	柬 jiǎn	谏 jiàn
姜 jiāng	绛 jiàng	犟 jiàng	绞 jiǎo	靳 Jìn	揪 jiū	厩 jiù
驹 jū	桔 jú	撅 juē	厥 jué	蕨 jué	郡 jùn	揩 kāi
糠 kāng	柯 kē	抠 kōu	奎 kuí	癞 lài	涝 lào	厘 lí
锂 lǐ	鲤 lǐ	晾 liàng	撂 liào	廖 Liào	拎 līn	绫 líng
绺 liǔ	陇 Lǒng	篓 lǒu	卢 Lú	掳 lǔ	禄 lù	吕 lǚ
抡 lūn	洛 Luò	摞 luò	鳗 mán	螨 mǎn	曼 màn	蟒 mǎng
锚 máo	卯 mǎo	铆 mǎo	锰 měng	篾 miè	闽 Mǐn	眸 móu
娜 nà	倪 ní	蔫 niān	黏 nián	捻 niǎn	碾 niǎn	撵 niǎn
聂 Niè	啮 niè	镍 niè	鸥 ōu	藕 ǒu	趴 pā	畔 pàn
硼 péng	坯 pī	瓢 piáo	苹 píng	浦 pǔ	沏 qī	鳍 qí
黔 Qián	跷 qiāo	锹 qiāo	鞘 qiào	擒 qín	琼 qióng	邱 Qiū
蛆 qū	刃 rèn	瑞 ruì	闰 rùn	搔 sāo	瑟 sè	陕 Shǎn
捎 shāo	屎 shǐ	仕 shì	恃 shì	舐 shì	螫 shì	孰 shú
蜀 shǔ	栓 shuān	涮 shuàn	俟 sì	嗣 sì	粟 sù	蒜 suàn
谭 Tán	潭 tán	舔 tiǎn	捅 tǒng	褪 tuì	屯 tún	臀 tún

驮 tuó	丸 wán	捂 wǔ	膝 xī	铣 xǐ	贤 xián	湘 xiāng
饷 xiǎng	萧 xiāo	楔 xiē	芯 xīn	玄 xuán	癣 xuǎn	薛 Xuē
熏 xūn	腌 yān	阎 Yán	砚 yàn	堰 yàn	痒 yǎng	姚 Yáo
尧 Yáo	舀 yǎo	噎 yē	腋 yè	膺 yīng	萤 yíng	痈 yōng
壅 yōng	蛹 yǒng	釉 yòu	俞 Yú	隅 yú	榆 yú	虞 yú
禹 Yǔ	谕 yù	咂 zā	哉 zāi	崽 zǎi	铡 zhá	乍 zhà
斋 zhāi	毡 zhān	蘸 zhàn	昭 zhāo	浙 Zhè	砧 zhēn	臻 zhēn
朕 zhèn	盅 zhōng	舟 zhōu	粥 zhōu	诛 zhū	拄 zhǔ	蛀 zhù
籽 zǐ	揍 zòu	卒 zú				

二、单音多频字词

【表一】

氨 ān	按 àn	案 àn	八 bā	爸 bà	罢 bà	百 bǎi
摆 bǎi	败 bài	拜 bài	班 bān	般 bān	搬 bān	板 bǎn
版 bǎn	半 bàn	伴 bàn	瓣 bàn	棒 bàng	饱 bǎo	宝 bǎo
保 bǎo	报 bào	抱 bào	北 běi	贝 bèi	备 bèi	倍 bèi
被 bèi	辈 bèi	笨 bèn	蹦 bèng	逼 bī	比 bǐ	彼 bǐ
笔 bǐ	必 bì	闭 bì	壁 bì	避 bì	臂 bì	边 biān
编 biān	鞭 biān	扁 biǎn	变 biàn	遍 biàn	辨 biàn	标 biāo
表 biǎo	宾 bīn	冰 bīng	兵 bīng	柄 bǐng	饼 bǐng	并 bìng
病 bìng	伯 bó	补 bǔ	捕 bǔ	不 bù	布 bù	步 bù
部 bù	擦 cā	猜 cāi	才 cái	材 cái	财 cái	采 cǎi
彩 cǎi	菜 cài	蚕 cán	仓 cāng	舱 cāng	操 cāo	侧 cè
测 cè	层 céng	插 chā	查 chá	察 chá	拆 chāi	柴 chái
缠 chán	产 chǎn	肠 cháng	尝 cháng	常 cháng	厂 chǎng	唱 chàng
抄 chāo	超 chāo	巢 cháo	潮 cháo	吵 chǎo	扯 chě	撤 chè
臣 chén	尘 chén	沉 chén	陈 chén	趁 chèn	撑 chēng	呈 chéng
诚 chéng	承 chéng	乘 chéng	程 chéng	吃 chī	池 chí	迟 chí

持	chí	齿	chǐ	赤	chì	翅	chì	充	chōng	抽	chōu	愁	chóu
丑	chǒu	初	chū	除	chú	楚	chǔ	触	chù	穿	chuān	川	chuān
船	chuán	喘	chuǎn	串	chuàn	窗	chuāng	床	chuáng	吹	chuī	垂	chuí
锤	chuí	春	chūn	纯	chún	唇	chún	词	cí	辞	cí	磁	cí
雌	cí	此	cǐ	次	cì	赐	cì	从	cóng	丛	cóng	凑	còu
粗	cū	促	cù	簇	cù	窜	cuàn	催	cuī	村	cūn	存	cún
寸	cùn	错	cuò	搭	dā	呆	dāi	代	dài	带	dài	袋	dài
胆	dǎn	但	dàn	淡	dàn	蛋	dàn	氮	dàn	党	dǎng	刀	dāo
导	dǎo	岛	dǎo	到	dào	道	dào	稻	dào	德	dé	登	dēng
等	děng	瞪	dèng	低	dī	敌	dí	抵	dǐ	底	dǐ	地	dì
帝	dì	递	dì	第	dì	电	diàn	店	diàn	垫	diàn	雕	diāo
吊	diào	掉	diào	跌	diē	叠	dié	丁	dīng	顶	dǐng	订	dìng
定	dìng	丢	diū	东	dōng	懂	dǒng	动	dòng	冻	dòng	洞	dòng
抖	dǒu	逗	dòu	毒	dú	独	dú	读	dú	堵	dǔ	杜	dù
渡	dù	端	duān	短	duǎn	段	duàn	断	duàn	堆	duī	队	duì
对	duì	顿	dùn	夺	duó	朵	duǒ	躲	duǒ	儿	ér	而	ér
尔	ěr	耳	ěr	二	èr	番	fān	翻	fān	凡	fán	繁	fán
反	fǎn	返	fǎn	犯	fàn	泛	fàn	范	fàn	方	fāng	防	fáng
房	fáng	访	fǎng	放	fàng	非	fēi	肥	féi	匪	fěi	废	fèi
费	fèi	粉	fěn	份	fèn	粪	fèn	丰	fēng	风	fēng	封	fēng
峰	fēng	锋	fēng	蜂	fēng	奉	fèng	佛	fó	否	fǒu	夫	fū
伏	fú	浮	fú	幅	fú	福	fú	府	fǔ	腐	fǔ	付	fù
负	fù	妇	fù	附	fù	赴	fù	复	fù	副	fù	赋	fù
富	fù	腹	fù	改	gǎi	盖	gài	肝	gān	赶	gǎn	敢	gǎn
感	gǎn	刚	gāng	纲	gāng	钢	gāng	港	gǎng	稿	gǎo	告	gào
搁	gē	割	gē	歌	gē	格	gé	隔	gé	个	gè	各	gè
跟	gēn	耕	gēng	工	gōng	公	gōng	功	gōng	攻	gōng	宫	gōng
拱	gǒng	共	gòng	沟	gōu	钩	gōu	狗	gǒu	构	gòu	购	gòu
够	gòu	古	gǔ	谷	gǔ	股	gǔ	骨	gǔ	鼓	gǔ	固	gù

故 gù	顾 gù	雇 gù	瓜 guā	刮 guā	关 guān	官 guān
馆 guǎn	管 guǎn	灌 guàn	光 guāng	广 guǎng	归 guī	鬼 guǐ
贵 guì	桂 guì	滚 gǔn	锅 guō	国 guó	裹 guǒ	过 guò
海 hǎi	害 hài	含 hán	寒 hán	喊 hǎn	汗 hàn	旱 hàn
耗 hào	呵 hē	合 hé	何 hé	河 hé	盒 hé	颌 hé
黑 hēi	恨 hèn	轰 hōng	红 hóng	洪 hóng	厚 hòu	候 hòu
乎 hū	弧 hú	胡 hú	湖 hú	虎 hǔ	互 hù	户 hù
护 hù	花 huā	滑 huá	化 huà	画 huà	话 huà	怀 huái
环 huán	缓 huǎn	换 huàn	唤 huàn	患 huàn	荒 huāng	慌 huāng
黄 huáng	灰 huī	挥 huī	回 huí	毁 huǐ	绘 huì	婚 hūn
魂 hún	活 huó	火 huǒ	或 huò	货 huò	获 huò	击 jī
机 jī	肌 jī	积 jī	基 jī	激 jī	及 jí	级 jí
极 jí	即 jí	急 jí	集 jí	己 jǐ	挤 jǐ	脊 jǐ
计 jì	记 jì	季 jì	剂 jì	既 jì	继 jì	祭 jì
寄 jì	家 jiā	甲 jiǎ	钾 jiǎ	价 jià	架 jià	嫁 jià
尖 jiān	肩 jiān	兼 jiān	茧 jiǎn	检 jiǎn	减 jiǎn	剪 jiǎn
简 jiǎn	见 jiàn	件 jiàn	建 jiàn	剑 jiàn	键 jiàn	箭 jiàn
江 jiāng	浆 jiāng	讲 jiǎng	奖 jiǎng	交 jiāo	浇 jiāo	胶 jiāo
焦 jiāo	脚 jiǎo	搅 jiǎo	较 jiào	皆 jiē	接 jiē	街 jiē
节 jié	截 jié	戒 jiè	届 jiè	界 jiè	今 jīn	金 jīn
津 jīn	仅 jǐn	紧 jǐn	进 jìn	近 jìn	晋 jìn	浸 jìn
京 jīng	经 jīng	惊 jīng	晶 jīng	精 jīng	井 jǐng	景 jǐng
径 jìng	净 jìng	竞 jìng	敬 jìng	静 jìng	境 jìng	镜 jìng
究 jiū	久 jiǔ	酒 jiǔ	旧 jiù	救 jiù	就 jiù	居 jū
局 jú	举 jǔ	句 jù	具 jù	俱 jù	剧 jù	据 jù
距 jù	聚 jù	捐 juān	决 jué	绝 jué	军 jūn	均 jūn
君 jūn	菌 jūn	开 kāi	砍 kǎn	抗 kàng	考 kǎo	靠 kào
科 kē	颗 kē	咳 ké	克 kè	刻 kè	客 kè	课 kè
肯 kěn	坑 kēng	口 kǒu	扣 kòu	苦 kǔ	库 kù	跨 kuà

快	kuài	宽	kuān	款	kuǎn	筐	kuāng	狂	kuáng	矿	kuàng	亏	kuī
困	kùn	来	lái	赖	lài	兰	lán	栏	lán	蓝	lán	烂	làn
浪	làng	捞	lāo	劳	láo	牢	láo	老	lǎo	类	lèi	冷	lěng
愣	lèng	离	lí	梨	lí	礼	lǐ	李	lǐ	里	lǐ	理	lǐ
力	lì	历	lì	立	lì	利	lì	粒	lì	连	lián	联	lián
脸	liǎn	练	liàn	炼	liàn	链	liàn	良	liáng	梁	liáng	粮	liáng
两	liǎng	亮	liàng	辆	liàng	了	liǎo	料	liào	列	liè	猎	liè
裂	liè	邻	lín	林	lín	临	lín	淋	lín	磷	lín	灵	líng
铃	líng	零	líng	龄	líng	岭	lǐng	领	lǐng	另	lìng	流	liú
留	liú	硫	liú	瘤	liú	柳	liǔ	龙	lóng	拢	lǒng	楼	lóu
漏	lòu	炉	lú	卤	lǔ	鲁	lǔ	录	lù	鹿	lù	路	lù
驴	lǘ	旅	lǚ	律	lǜ	氯	lǜ	滤	lǜ	卵	luǎn	乱	luàn
略	lüè	轮	lún	论	lùn	罗	luó	络	luò	码	mǎ	埋	mái
买	mǎi	迈	mài	麦	mài	卖	mài	脉	mài	蛮	mán	瞒	mán
满	mǎn	慢	màn	忙	máng	猫	māo	毛	máo	冒	mào	帽	mào
眉	méi	梅	méi	煤	méi	美	měi	猛	měng	迷	mí	密	mì
蜜	mì	棉	mián	免	miǎn	面	miàn	妙	miào	庙	miào	灭	miè
民	mín	名	míng	明	míng	鸣	míng	命	mìng	膜	mó	摩	mó
莫	mò	墨	mò	谋	móu	母	mǔ	亩	mǔ	木	mù	墓	mù
幕	mù	哪	nǎ	那	nà	纳	nà	乃	nǎi	奶	nǎi	耐	nài
南	nán	囊	náng	脑	nǎo	闹	nào	内	nèi	嫩	nèn	能	néng
拟	nǐ	逆	nì	年	nián	念	niàn	娘	niáng	鸟	niǎo	尿	niào
捏	niē	凝	níng	扭	niǔ	浓	nóng	脓	nóng	怒	nù	女	nǚ
暖	nuǎn	怕	pà	拍	pāi	排	pái	牌	pái	派	pài	攀	pān
盘	pán	判	pàn	盼	pàn	胖	pàng	抛	pāo	胚	pēi	陪	péi
配	pèi	喷	pēn	盆	pén	棚	péng	捧	pěng	碰	pèng	批	pī
披	pī	脾	pí	匹	pǐ	偏	piān	篇	piān	骗	piàn	飘	piāo
票	piào	贫	pín	品	pǐn	平	píng	评	píng	凭	píng	瓶	píng
坡	pō	颇	pō	迫	pò	扑	pū	期	qī	漆	qī	其	qí

奇 qí	骑 qí	旗 qí	起 qǐ	气 qì	弃 qì	砌 qì
器 qì	迁 qiān	牵 qiān	铅 qiān	前 qián	钱 qián	潜 qián
浅 qiǎn	遣 qiǎn	欠 qiàn	嵌 qiàn	枪 qiāng	腔 qiāng	墙 qiáng
抢 qiǎng	敲 qiāo	桥 qiáo	瞧 qiáo	巧 qiǎo	侵 qīn	琴 qín
勤 qín	青 qīng	轻 qīng	倾 qīng	氢 qīng	清 qīng	情 qíng
擎 qíng	请 qǐng	穷 qióng	秋 qiū	球 qiú	区 qū	驱 qū
趋 qū	渠 qú	取 qǔ	权 quán	全 quán	泉 quán	拳 quán
劝 quàn	缺 quē	却 què	确 què	群 qún	然 rán	燃 rán
染 rǎn	嚷 rǎng	让 ràng	绕 rào	人 rén	仁 rén	忍 rěn
认 rèn	仍 réng	日 rì	容 róng	溶 róng	熔 róng	揉 róu
如 rú	乳 rǔ	软 ruǎn	弱 ruò	赛 sài	伞 sǎn	扫 sǎo
僧 sēng	杀 shā	沙 shā	纱 shā	傻 shǎ	山 shān	闪 shǎn
善 shàn	伤 shāng	商 shāng	赏 shǎng	尚 shàng	烧 shāo	梢 shāo
稍 shāo	舌 shé	蛇 shé	设 shè	社 shè	射 shè	摄 shè
伸 shēn	身 shēn	深 shēn	神 shén	婶 shěn	肾 shèn	甚 shèn
升 shēng	生 shēng	声 shēng	绳 shéng	圣 shèng	胜 shèng	剩 shèng
失 shī	师 shī	诗 shī	施 shī	湿 shī	时 shí	实 shí
拾 shí	食 shí	史 shǐ	使 shǐ	始 shǐ	士 shì	氏 shì
示 shì	世 shì	市 shì	式 shì	事 shì	势 shì	试 shì
视 shì	是 shì	适 shì	室 shì	收 shōu	守 shǒu	首 shǒu
受 shòu	授 shòu	兽 shòu	瘦 shòu	书 shū	梳 shū	疏 shū
输 shū	鼠 shǔ	束 shù	述 shù	树 shù	竖 shù	刷 shuā
耍 shuǎ	摔 shuāi	双 shuāng	霜 shuāng	水 shuǐ	睡 shuì	顺 shùn
说 shuō	司 sī	丝 sī	私 sī	斯 sī	死 sǐ	四 sì
寺 sì	松 sōng	送 sòng	苏 sū	俗 sú	素 sù	速 sù
酸 suān	算 suàn	虽 suī	随 suí	髓 suǐ	碎 suì	穗 suì
孙 sūn	缩 suō	所 suǒ	索 suǒ	锁 suǒ	它 tā	她 tā
塔 tǎ	踏 tà	胎 tāi	台 tái	抬 tái	太 tài	态 tài
摊 tān	滩 tān	谈 tán	叹 tàn	探 tàn	唐 táng	堂 táng

塘 táng	糖 táng	烫 tàng	逃 táo	桃 táo	陶 táo	讨 tǎo
套 tào	疼 téng	藤 téng	题 tí	体 tǐ	替 tì	天 tiān
添 tiān	甜 tián	填 tián	条 tiáo	跳 tiào	贴 tiē	铁 tiě
厅 tīng	听 tīng	停 tíng	挺 tǐng	铜 tóng	统 tǒng	桶 tǒng
筒 tǒng	痛 tòng	偷 tōu	头 tóu	投 tóu	透 tòu	突 tū
图 tú	徒 tú	涂 tú	团 tuán	推 tuī	腿 tuǐ	退 tuì
托 tuō	拖 tuō	脱 tuō	玩 wán	挽 wǎn	碗 wǎn	亡 wáng
往 wǎng	旺 wàng	望 wàng	惟 wéi	伪 wěi	纬 wěi	卫 wèi
未 wèi	味 wèi	胃 wèi	谓 wèi	喂 wèi	纹 wén	闻 wén
吻 wěn	窝 wō	握 wò	武 wǔ	舞 wǔ	务 wù	误 wù
雾 wù	西 xī	息 xī	稀 xī	习 xí	席 xí	洗 xǐ
喜 xǐ	戏 xì	细 xì	虾 xiā	瞎 xiā	狭 xiá	下 xià
仙 xiān	先 xiān	闲 xián	弦 xián	咸 xián	衔 xián	嫌 xián
显 xiǎn	险 xiǎn	县 xiàn	现 xiàn	限 xiàn	线 xiàn	陷 xiàn
献 xiàn	腺 xiàn	乡 xiāng	香 xiāng	箱 xiāng	享 xiǎng	响 xiǎng
想 xiǎng	向 xiàng	项 xiàng	象 xiàng	像 xiàng	消 xiāo	销 xiāo
笑 xiào	效 xiào	歇 xiē	邪 xié	斜 xié	鞋 xié	写 xiě
泄 xiè	谢 xiè	心 xīn	新 xīn	信 xìn	星 xīng	刑 xíng
形 xíng	型 xíng	醒 xǐng	性 xìng	姓 xìng	凶 xiōng	兄 xiōng
胸 xiōng	雄 xióng	熊 xióng	修 xiū	袖 xiù	绣 xiù	嗅 xiù
须 xū	虚 xū	需 xū	许 xǔ	序 xù	悬 xuán	选 xuǎn
穴 xué	学 xué	雪 xuě	寻 xún	训 xùn	押 yā	鸭 yā
芽 yá	严 yán	岩 yán	炎 yán	沿 yán	盐 yán	演 yǎn
验 yàn	扬 yáng	阳 yáng	杨 yáng	洋 yáng	仰 yǎng	氧 yǎng
野 yě	叶 yè	夜 yè	液 yè	一 yī	医 yī	依 yī
仪 yí	宜 yí	遗 yí	疑 yí	已 yǐ	蚁 yǐ	倚 yǐ
艺 yì	议 yì	异 yì	役 yì	译 yì	易 yì	益 yì
意 yì	翼 yì	阴 yīn	音 yīn	隐 yǐn	鹰 yīng	迎 yíng
映 yìng	涌 yǒng	尤 yóu	犹 yóu	油 yóu	游 yóu	友 yǒu

右 yòu	余 yú	鱼 yú	渔 yú	羽 yǔ	语 yǔ	玉 yù
域 yù	欲 yù	遇 yù	愈 yù	园 yuán	员 yuán	原 yuán
圆 yuán	缘 yuán	源 yuán	怨 yuàn	愿 yuàn	跃 yuè	云 yún
栽 zāi	再 zài	咱 zán	暂 zàn	葬 zàng	遭 zāo	糟 zāo
灶 zào	造 zào	则 zé	责 zé	怎 zěn	增 zēng	眨 zhǎ
摘 zhāi	窄 zhǎi	寨 zhài	沾 zhān	粘 zhān	展 zhǎn	战 zhàn
站 zhàn	张 zhāng	章 zhāng	掌 zhǎng	丈 zhàng	仗 zhàng	帐 zhàng
账 zhàng	胀 zhàng	招 zhāo	照 zhào	遮 zhē	者 zhě	这 zhè
针 zhēn	真 zhēn	阵 zhèn	振 zhèn	震 zhèn	镇 zhèn	争 zhēng
征 zhēng	蒸 zhēng	整 zhěng	证 zhèng	郑 Zhèng	政 zhèng	支 zhī
汁 zhī	枝 zhī	知 zhī	肢 zhī	织 zhī	直 zhí	值 zhí
职 zhí	植 zhí	殖 zhí	止 zhǐ	纸 zhǐ	指 zhǐ	至 zhì
志 zhì	制 zhì	质 zhì	治 zhì	致 zhì	智 zhì	滞 zhì
置 zhì	钟 zhōng	终 zhōng	肿 zhǒng	众 zhòng	州 zhōu	周 zhōu
轴 zhóu	皱 zhòu	珠 zhū	株 zhū	诸 zhū	竹 zhú	逐 zhú
主 zhǔ	助 zhù	住 zhù	注 zhù	柱 zhù	祝 zhù	著 zhù
筑 zhù	抓 zhuā	专 zhuān	砖 zhuān	庄 zhuāng	装 zhuāng	壮 zhuàng
状 zhuàng	撞 zhuàng	追 zhuī	准 zhǔn	捉 zhuō	桌 zhuō	资 zī
子 zǐ	紫 zǐ	自 zì	字 zì	宗 zōng	总 zǒng	纵 zòng
走 zǒu	奏 zòu	租 zū	足 zú	族 zú	阻 zǔ	组 zǔ
祖 zǔ	嘴 zuǐ	最 zuì	罪 zuì	醉 zuì	尊 zūn	左 zuǒ
坐 zuò	座 zuò	做 zuò				

【表二】

碍 ài	奥 ào	疤 bā	靶 bǎ	坝 bà	霸 bà	柏 bǎi
斑 bān	扮 bàn	拌 bàn	绊 bàn	邦 bāng	梆 bāng	绑 bǎng
榜 bǎng	傍 bàng	胞 bāo	雹 báo	豹 bào	暴 bào	爆 bào
卑 bēi	悲 bēi	碑 bēi	崩 bēng	泵 bèng	迸 bèng	鄙 bǐ
币 bì	毕 bì	毙 bì	痹 bì	碧 bì	蔽 bì	敝 bì
贬 biǎn	辩 biàn	辫 biàn	瘪 biē	滨 bīn	播 bō	驳 bó

脖 bó	博 bó	搏 bó	膊 bó	裁 cái	睬 cǎi	餐 cān
惨 cǎn	苍 cāng	策 cè	岔 chà	搀 chān	铲 chǎn	偿 cháng
敞 chǎng	畅 chàng	倡 chàng	钞 chāo	彻 chè	澈 chè	辰 chén
晨 chén	衬 chèn	丞 chéng	惩 chéng	逞 chěng	痴 chī	斥 chì
宠 chǒng	绸 chóu	稠 chóu	筹 chóu	厨 chú	锄 chú	雏 chú
橱 chú	储 chǔ	疮 chuāng	醇 chún	蠢 chǔn	戳 chuō	瓷 cí
祠 cí	慈 cí	葱 cōng	摧 cuī	脆 cuì	翠 cuì	挫 cuò
贷 dài	丹 dān	旦 dàn	荡 dàng	档 dàng	捣 dǎo	蹈 dǎo
盗 dào	凳 dèng	堤 dī	笛 dí	蒂 dì	缔 dì	颠 diān
典 diǎn	奠 diàn	殿 diàn	刁 diāo	钓 diào	碟 dié	蝶 dié
叮 dīng	鼎 dǐng	锭 dìng	董 dǒng	陡 dǒu	督 dū	犊 dú
赌 dǔ	睹 dǔ	镀 dù	缎 duàn	锻 duàn	兑 duì	盾 dùn
舵 duò	堕 duò	跺 duò	饵 ěr	乏 fá	伐 fá	阀 fá
筏 fá	帆 fān	烦 fán	贩 fàn	仿 fǎng	纺 fǎng	妃 fēi
沸 fèi	坟 fén	焚 fén	愤 fèn	疯 fēng	逢 féng	讽 fěng
凤 fèng	孵 fū	敷 fū	拂 fú	俘 fú	符 fú	辐 fú
抚 fǔ	俯 fǔ	辅 fǔ	缚 fù	覆 fù	概 gài	甘 gān
竿 gān	柑 gān	秆 gǎn	缸 gāng	岗 gǎng	杠 gàng	羔 gāo
糕 gāo	革 gé	阁 gé	埂 gěng	躬 gōng	贡 gòng	估 gū
孤 gū	寡 guǎ	卦 guà	罐 guàn	龟 guī	规 guī	轨 guǐ
柜 guì	棍 gùn	骇 hài	憨 hān	函 hán	罕 hǎn	焊 hàn
憾 hàn	航 háng	毫 háo	豪 háo	壕 háo	嚎 háo	贺 hè
赫 hè	鹤 hè	痕 hén	狠 hěn	衡 héng	烘 hōng	虹 hóng
侯 hóu	喉 hóu	吼 hǒu	糊 hú	唬 hǔ	桦 huà	欢 huān
幻 huàn	皇 huáng	簧 huáng	谎 huǎng	辉 huī	悔 huǐ	汇 huì
惠 huì	慧 huì	昏 hūn	浑 hún	伙 huǒ	祸 huò	惑 huò
霍 huò	饥 jī	吉 jí	疾 jí	辑 jí	瘠 jí	寂 jì
冀 jì	忌 jì	颊 jiá	驾 jià	奸 jiān	歼 jiān	坚 jiān
监 jiān	煎 jiān	荐 jiàn	贱 jiàn	涧 jiàn	舰 jiàn	腱 jiàn

溅 jiàn	僵 jiāng	缰 jiāng	疆 jiāng	桨 jiǎng	匠 jiàng	酱 jiàng
郊 jiāo	娇 jiāo	椒 jiāo	跤 jiāo	礁 jiāo	矫 jiǎo	缴 jiǎo
轿 jiào	窖 jiào	阶 jiē	秸 jiē	揭 jiē	劫 jié	洁 jié
捷 jié	竭 jié	介 jiè	诫 jiè	巾 jīn	筋 jīn	襟 jīn
锦 jǐn	谨 jǐn	荆 jīng	睛 jīng	警 jǐng	竞 jìng	窘 jiǒng
纠 jiū	灸 jiǔ	拘 jū	菊 jú	矩 jǔ	拒 jù	惧 jù
锯 jù	踞 jù	倦 juàn	绢 juàn	诀 jué	掘 jué	爵 jué
攫 jué	钧 jūn	俊 jùn	峻 jùn	刊 kān	堪 kān	坎 kǎn
康 kāng	烤 kǎo	磕 kē	渴 kě	垦 kěn	恐 kǒng	控 kòng
叩 kòu	寇 kòu	枯 kū	窟 kū	裤 kù	酷 kù	夸 kuā
垮 kuǎ	挎 kuà	旷 kuàng	况 kuàng	框 kuàng	眶 kuàng	盔 kuī
窥 kuī	溃 kuì	愧 kuì	坤 kūn	扩 kuò	括 kuò	廓 kuò
腊 là	辣 là	拦 lán	篮 lán	览 lǎn	揽 lǎn	缆 lǎn
懒 lǎn	滥 làn	郎 láng	廊 láng	烙 lào	垒 lěi	肋 lèi
棱 léng	吏 lì	隶 lì	怜 lián	帘 lián	莲 lián	廉 lián
镰 lián	敛 liǎn	恋 liàn	辽 liáo	疗 liáo	聊 liáo	劣 liè
烈 liè	鳞 lín	伶 líng	凌 líng	陵 líng	聋 lóng	垄 lǒng
陋 lòu	颅 lú	虏 lǔ	麓 lù	屡 lǚ	履 lǚ	虑 lǜ
峦 luán	掠 lüè	锣 luó	箩 luó	螺 luó	裸 luǒ	漫 màn
盲 máng	矛 máo	貌 mào	媒 méi	霉 méi	昧 mèi	媚 mèi
萌 méng	盟 méng	眯 mī	弥 mí	觅 mì	秘 mì	眠 mián
绵 mián	勉 miǎn	描 miáo	瞄 miáo	渺 miǎo	皿 mǐn	铭 míng
谬 miù	摹 mó	魔 mó	沫 mò	默 mò	牧 mù	募 mù
暮 mù	穆 mù	捺 nà	挠 náo	恼 nǎo	尼 ní	腻 nì
溺 nì	蔫 niān	酿 niàng	孽 niè	奴 nú	挪 nuó	帕 pà
叛 pàn	庞 páng	袍 páo	培 péi	赔 péi	佩 pèi	蓬 péng
篷 péng	疲 pí	屁 pì	瞥 piē	拼 pīn	频 pín	聘 pìn
坪 píng	泼 pō	魄 pò	剖 pōu	圃 pǔ	普 pǔ	瀑 pù
戚 qī	欺 qī	祈 qí	棋 qí	启 qǐ	迄 qì	汽 qì

泣 qì	契 qì	洽 qià	恰 qià	签 qiān	乾 qián	歉 qiàn
乔 qiáo	俏 qiào	窍 qiào	怯 qiè	窃 qiè	禽 qín	寝 qǐn
晴 qíng	擎 qíng	顷 qǐng	庆 qìng	囚 qiú	裘 qiú	屈 qū
躯 qū	趣 qù	蜷 quán	犬 quǎn	券 quàn	雀 què	裙 qún
饶 ráo	扰 rǎo	韧 rèn	荣 róng	绒 róng	融 róng	柔 róu
儒 rú	辱 rǔ	蕊 ruǐ	锐 ruì	润 rùn	桑 sāng	嗓 sǎng
骚 sāo	涩 sè	筛 shāi	衫 shān	膳 shàn	晌 shǎng	勺 sháo
哨 shào	涉 shè	赦 shè	申 shēn	审 shěn	渗 shèn	慎 shèn
笙 shēng	尸 shī	蚀 shí	矢 shǐ	驶 shǐ	侍 shì	饰 shì
拭 shì	逝 shì	嗜 shì	誓 shì	噬 shì	寿 shòu	售 shòu
枢 shū	舒 shū	赎 shú	暑 shǔ	署 shǔ	恕 shù	衰 shuāi
帅 shuài	爽 shuǎng	吮 shǔn	撕 sī	祀 sì	饲 sì	耸 sǒng
讼 sòng	诵 sòng	颂 sòng	搜 sōu	诉 sù	塑 sù	溯 sù
损 sǔn	笋 sǔn	梭 suō	塌 tā	榻 tà	汰 tài	泰 tài
贪 tān	坛 tán	炭 tàn	淌 tǎng	涛 tāo	淘 táo	梯 tī
啼 tí	蹄 tí	剃 tì	廷 tíng	亭 tíng	艇 tǐng	童 tóng
途 tú	屠 tú	蜕 tuì	吞 tūn	陀 tuó	妥 tuǒ	唾 tuò
蛙 wā	湾 wān	腕 wàn	枉 wǎng	妄 wàng	危 wēi	威 wēi
违 wéi	维 wéi	伟 wěi	苇 wěi	委 wěi	萎 wěi	畏 wèi
瘟 wēn	乌 wū	巫 wū	午 wǔ	伍 wǔ	悟 wù	晤 wù
夕 xī	昔 xī	悉 xī	惜 xī	溪 xī	熄 xī	袭 xí
匣 xiá	峡 xiá	辖 xiá	霞 xiá	掀 xiān	厢 xiāng	镶 xiāng
详 xiáng	祥 xiáng	翔 xiáng	萧 xiāo	硝 xiāo	潇 xiāo	晓 xiǎo
孝 xiào	啸 xiào	协 xié	胁 xié	挟 xié	携 xié	泻 xiè
卸 xiè	屑 xiè	械 xiè	辛 xīn	薪 xīn	腥 xīng	幸 xìng
休 xiū	羞 xiū	朽 xiǔ	秀 xiù	锈 xiù	嘘 xū	叙 xù
绪 xù	续 xù	絮 xù	蓄 xù	宣 xuān	靴 xuē	熏 xūn
循 xún	旬 xún	巡 xún	讯 xùn	汛 xùn	驯 xùn	迅 xùn
逊 xùn	哑 yǎ	雅 yǎ	焉 yān	淹 yān	延 yán	颜 yán

檐	yán	衍	yǎn	掩	yǎn	艳	yàn	宴	yàn	雁	yàn	焰	yàn
漾	yàng	邀	yāo	窑	yáo	瑶	yáo	耀	yào	伊	yī	夷	yí
姨	yí	忆	yì	抑	yì	疫	yì	逸	yì	溢	yì	吟	yín
淫	yín	瘾	yǐn	婴	yīng	盈	yíng	蝇	yíng	赢	yíng	咏	yǒng
泳	yǒng	忧	yōu	邮	yóu	佑	yòu	诱	yòu	迂	yū	淤	yū
逾	yú	郁	yù	狱	yù	浴	yù	喻	yù	寓	yù	豫	yù
御	yù	誉	yù	冤	yuān	渊	yuān	猿	yuán	阅	yuè	孕	yùn
蕴	yùn	灾	zāi	宰	zǎi	赞	zàn	枣	zǎo	凿	záo	澡	zǎo
噪	zào	燥	zào	躁	zào	泽	zé	憎	zēng	赠	zèng	闸	zhá
诈	zhà	榨	zhà	宅	zhái	瞻	zhān	障	zhàng	仗	zhàng	召	zhào
兆	zhào	诏	zhào	罩	zhào	哲	zhé	褶	zhě	蔗	zhè	贞	zhēn
珍	zhēn	斟	zhēn	诊	zhěn	枕	zhěn	执	zhí	侄	zhí	旨	zhǐ
趾	zhǐ	址	zhǐ	帜	zhì	炙	zhì	掷	zhì	稚	zhì	忠	zhōng
仲	zhòng	洲	zhōu	咒	zhòu	昼	zhòu	骤	zhòu	烛	zhú	嘱	zhǔ
贮	zhù	铸	zhù	撰	zhuàn	篆	zhuàn	妆	zhuāng	椎	zhuī	锥	zhuī
坠	zhuì	缀	zhuì	赘	zhuì	拙	zhuō	灼	zhuó	卓	zhuó	浊	zhuó
酌	zhuó	啄	zhuó	姿	zī	滋	zī	棕	zōng	踪	zōng	遵	zūn

第二部分　多音节词语

本道题共 100 个音节（约 48～49 个词），占 20 分。测试要求：

①无论是声母、韵母还是声调错误，均按一音节扣 0.2 分；没有完全错误，但不够到位，每个音节扣 0.1 分。

②每个字只能读一遍。

③不要省略某个词的读音，否则以错误对待，扣除该词的全部分数。

④注意轻声、儿化和变调（尤其是上上相连）的读音。注意读词语时的轻重音格式。

⑤本题限时 2.5 分钟，超时扣分。超时 1 分钟以内，扣 0.5 分；超时 1 分钟以上（含 1 分钟），扣 1 分。

一、声母难点

1. f—h

f		h		f		h	
发表	fābiǎo	花朵	huāduǒ	发言	fāyán	花瓣	huābàn
发病	fābìng	花色	huāsè	发扬	fāyáng	花丛	huācóng
发布	fābù	花纹	huāwén	发育	fāyù	花冠	huāguān
发出	fāchū	花生	huāshēng	发音	fāyīn	花萼	huā'è
发达	fādá	花园	huāyuán	发展	fāzhǎn	花轿	huājiào
发电	fādiàn	华北	huáběi	发作	fāzuò	花蕾	huālěi
发动	fādòng	华侨	huáqiáo	罚款	fákuǎn	花圃	huāpǔ
发抖	fādǒu	滑动	huádòng	法定	fǎdìng	花圈	huāquān
发觉	fājué	化工	huàgōng	法官	fǎguān	花蕊	huāruǐ
发掘	fājué	化石	huàshí	法规	fǎguī	华夏	huáxià
发明	fāmíng	化学	huàxué	法令	fǎlìng	哗然	huárán
发起	fāqǐ	画家	huàjiā	法律	fǎlǜ	滑雪	huáxuě
发热	fārè	画面	huàmiàn	法人	fǎrén	化脓	huànóng
发射	fāshè	话剧	huàjù	法庭	fǎtíng	化纤	huàxiān

f	h	f	h
发生 fāshēng	话题 huàtí	法学 fǎxué	化妆 huàzhuāng
发现 fāxiàn	话筒 huàtǒng	法院 fǎyuàn	画卷 huàjuàn
发行 fāxíng	话语 huàyǔ	法则 fǎzé	画廊 huàláng
发芽 fāyá		法制 fǎzhì	画坛 huàtán
翻身 fānshēn	欢乐 huānlè	方便 fāngbiàn	皇帝 huángdì
翻译 fānyì	欢喜 huānxǐ	方才 fāngcái	黄金 huángjīn
凡是 fánshì	欢迎 huānyíng	方程 fāngchéng	黄色 huángsè
烦恼 fánnǎo	还原 huányuán	方面 fāngmiàn	黄土 huángtǔ
繁多 fánduō	环节 huánjié	方式 fāngshì	荒诞 huāngdàn
繁荣 fánróng	环境 huánjìng	方向 fāngxiàng	荒废 huāngfèi
繁殖 fánzhí	环流 huánliú	方言 fāngyán	荒谬 huāngmiù
繁重 fánzhòng	缓慢 huǎnmàn	方针 fāngzhēn	荒漠 huāngmò
反动 fǎndòng	幻觉 huànjué	防御 fángyù	荒僻 huāngpì
反对 fǎnduì	幻想 huànxiǎng	防止 fángzhǐ	荒野 huāngyě
反而 fǎn’ér	唤起 huànqǐ	防治 fángzhì	慌张 huāngzhāng
反抗 fǎnkàng	患者 huànzhě	妨碍 fáng’ài	皇后 huánghòu
反面 fǎnmiàn	环绕 huánrào	房间 fángjiān	皇权 huángquán
反射 fǎnshè	缓解 huǎnjiě	房屋 fángwū	黄豆 huángdòu
反应 fǎnyìng	幻影 huànyǐng	访问 fǎngwèn	皇帝 huángdì
反映 fǎnyìng	唤醒 huànxǐng	纺织 fǎngzhī	黄连 huánglián
反之 fǎnzhī	幻灯 huàndēng	放大 fàngdà	惶惑 huánghuò
犯罪 fànzuì	患难 huànnàn	放弃 fàngqì	谎话 huǎnghuà
饭店 fàndiàn	焕发 huànfā	放射 fàngshè	恍然 huǎngrán
范围 fànwéi	缓刑 huǎnxíng	放松 fàngsōng	谎言 huǎngyán
		放心 fàngxīn	惶恐 huángkǒng
飞船 fēichuán	灰暗 huī’àn	分辨 fēnbiàn	
飞机 fēijī	挥舞 huīwǔ	分割 fēngē	婚礼 hūnlǐ
飞快 fēikuài	挥发 huīfā	分工 fēngōng	婚姻 hūnyīn

f		h		f		h	
飞翔	fēixiáng	挥霍	huīhuò	分解	fēnjiě	浑身	húnshēn
飞行	fēixíng	辉映	huīyìng	分类	fēnlèi	混乱	hùnluàn
飞跃	fēiyuè	回旋	huíxuán	分离	fēnlí	混淆	hùnxiáo
非常	fēicháng	回转	huízhuǎn	分裂	fēnliè	昏暗	hūn'àn
肥料	féiliào	回想	huíxiǎng	分辩	fēnbiàn	昏黄	hūnhuáng
废除	fèichú	回应	huíyìng	分明	fēnmíng	昏迷	hūnmí
沸腾	fèiténg	悔恨	huǐhèn	分配	fēnpèi	昏睡	hūnshuì
飞禽	fēiqín	汇编	huìbiān	分歧	fēnqí	婚配	hūnpèi
肥胖	féipàng	汇率	huìlǜ	分散	fēnsàn	婚事	hūnshì
肥效	féixiào	汇聚	huìjù	分析	fēnxī	浑厚	húnhòu
匪徒	fěitú	会晤	huìwù	分支	fēnzhī	浑浊	húnzhuó
肺炎	fèiyán	讳言	huìyán	粉末	fěnmò	魂魄	húnpò
废渣	fèizhā	绘制	huìzhì	粉碎	fěnsuì	混同	hùntóng
沸水	fèishuǐ	贿赂	huìlù	奋斗	fèndòu	混杂	hùnzá
费劲	fèijìn	悔改	huǐgǎi	愤怒	fènnù	混战	hùnzhàn
夫妻	fūqī	呼喊	hūhǎn	负担	fùdān	呼应	hūyìng
伏特	fútè	呼唤	hūhuàn	负责	fùzé	忽而	hū'ér
服从	fúcóng	呼吸	hūxī	妇女	fùnǚ	狐疑	húyí
服务	fúwù	呼吁	hūyù	附加	fùjiā	弧光	húguāng
服装	fúzhuāng	忽略	hūlüè	附近	fùjìn	胡乱	húluàn
浮动	fúdòng	忽然	hūrán	附着	fùzhuó	胡闹	húnào
浮游	fúyóu	忽视	hūshì	复辟	fùbì	胡须	húxū
符号	fúhào	湖泊	húpō	复杂	fùzá	互利	hùlì
幅度	fúdù	蝴蝶	húdié	复制	fùzhì	户主	hùzhǔ
辐射	fúshè	互补	hùbǔ	副业	fùyè	护理	hùlǐ
福利	fúlì	互相	hùxiāng	赋予	fùyǔ	护送	hùsòng
抚摸	fǔmō	互助	hùzhù	富有	fùyǒu	护照	hùzhào
辅助	fǔzhù	户口	hùkǒu	富裕	fùyù	吼叫	hǒujiào

f		h		f		h	
腐败	fǔbài	呼叫	hūjiào	覆盖	fùgài	后盾	hòudùn
腐蚀	fǔshí	呼救	hūjiù	否定	fǒudìng	后续	hòuxù
腐朽	fǔxiǔ	呼声	hūshēng	否认	fǒurèn	后裔	hòuyì
父母	fùmǔ	呼啸	hūxiào	否则	fǒuzé	候鸟	hòuniǎo
付出	fùchū						

2. n—l—r

n		l		r	
纳入	nàrù	蜡烛	làzhú		
纳税	nàshuì	辣椒	làjiāo		
纳粹	nàcuì	腊月	làyuè		
男人	nánrén	兰花	lánhuā	然而	rán’ér
男性	nánxìng	拦腰	lányāo	然后	ránhòu
男子	nánzǐ	拦阻	lánzǔ	燃料	ránliào
南北	nánběi	栏杆	lángān	燃烧	ránshāo
难得	nándé	蓝图	lántú	染色	rǎnsè
难怪	nánguài	篮球	lánqiú	染料	rǎnliào
难过	nánguò	懒汉	lǎnhàn	让步	ràngbù
囊括	nángkuò	浪漫	làngmàn	让位	ràngwèi
脑际	nǎojì	牢固	láogù	扰动	rǎodòng
脑筋	nǎojīn	劳驾	láojià	扰乱	rǎoluàn
闹事	nàoshì	老鹰	lǎoyīng	饶恕	ráoshù
闹钟	nàozhōng	烙印	làoyìn	绕道	ràodào
奶油	nǎiyóu	来宾	láibīn		
奈何	nàihé	来电	láidiàn		
耐用	nàiyòng	来客	láikè		
		乐观	lèguān	热爱	rè’ài
		乐趣	lèqù	热量	rèliàng
		乐园	lèyuán	热烈	rèliè

n

内阁 nèigé
内行 nèiháng
内科 nèikē
内向 nèixiàng
内省 nèixǐng
内政 nèizhèng
能干 nénggàn
能事 néngshì
能手 néngshǒu
泥土 nítǔ
尼姑 nígū
泥浆 níjiāng
拟订 nǐdìng
拟人 nǐrén
逆差 nìchā
逆转 nìzhuǎn
溺爱 nì'ài
农场 nóngchǎng
农村 nóngcūn
农户 nónghù
农民 nóngmín
农田 nóngtián
农药 nóngyào
农业 nóngyè
浓度 nóngdù
浓厚 nónghòu
奴役 núyì

l

勒索 lèsuǒ
雷同 léitóng
累及 lěijí
累计 lěijì
泪珠 lèizhū
类别 lèibié
棱角 léngjiǎo
冷藏 lěngcáng
冷峻 lěngjùn
冷漠 lěngmò
离开 líkāi
礼貌 lǐmào
理性 lǐxìng
力求 lìqiú
历代 lìdài
立法 lìfǎ
利用 lìyòng
例外 lìwài
垄断 lǒngduàn
笼罩 lǒngzhào
龙船 lóngchuán
龙灯 lóngdēng
龙骨 lónggǔ
龙王 lóngwáng
龙眼 lóngyǎn
隆重 lóngzhòng
笼络 lǒngluò
卤素 lǔsù

r

热情 rèqíng
锐角 ruìjiǎo
锐利 ruìlì
人才 réncái
人迹 rénjì
仁慈 réncí
认罪 rènzuì
任职 rènzhí
韧性 rènxìng
仍旧 réngjiù
日报 rìbào
日常 rìcháng
日记 rìjì
日期 rìqī
日前 rìqián
日趋 rìqū
日夜 rìyè
日益 rìyì
荣誉 róngyù
容量 róngliàng
容纳 róngnà
容器 róngqì
溶剂 róngjì
溶解 róngjiě
溶液 róngyè
熔点 róngdiǎn
融合 rónghé

n		l		r	
努力	nǔlì	陆续	lùxù	如果	rúguǒ
怒放	nùfàng	路程	lùchéng	儒家	rújiā
怒吼	nùhǒu	录取	lùqǔ	入侵	rùqīn
怒火	nùhuǒ	录用	lùyòng	入手	rùshǒu
怒气	nùqì	露珠	lùzhū	入学	rùxué
暖流	nuǎnliú	孪生	luánshēng	蠕动	rúdòng
暖瓶	nuǎnpíng	卵石	luǎnshí	软件	ruǎnjiàn
暖气	nuǎnqì	卵子	luǎnzǐ	软禁	ruǎnjìn
挪用	nuóyòng	螺旋	luóxuán	软化	ruǎnhuà
诺言	nuòyán	落实	luòshí	若干	ruògān
懦弱	nuòruò	锣鼓	luógǔ	若是	ruòshì
糯米	nuòmǐ	裸露	luǒlù	弱点	ruòdiǎn
				弱小	ruòxiǎo
年代	niándài	连接	liánjiē		
年纪	niánjì	联合	liánhé		
年轻	niánqīng	脸色	liǎnsè		
牛犊	niúdú	留学	liúxué		
牛皮	niúpí	流动	liúdòng		
纽带	niǔdài	硫酸	liúsuān		
纽扣	niǔkòu	留恋	liúliàn		
扭曲	niǔqū	流淌	liútǎng		
女工	nǚgōng	旅客	lǚkè		
女人	nǚrén	履行	lǚxíng		
女士	nǚshì	律师	lǜshī		
女性	nǚxìng	绿化	lǜhuà		
女子	nǚzǐ	氯气	lǜqì		

3. z—zh

z		z		zh		zh	
咨询	zīxún	资本	zīběn	之前	zhīqián	支援	zhīyuán
姿势	zīshì	自己	zìjǐ	支撑	zhīchēng	只得	zhǐdé

z		z		zh		zh	
姿态	zītài	自觉	zìjué	支持	zhīchí	只是	zhǐshì
自然	zìrán	自身	zìshēn	至于	zhìyú	殖民	zhímín
自杀	zìshā	自卫	zìwèi	制订	zhìdìng	制约	zhìyuē
资产	zīchǎn	自我	zìwǒ	枝条	zhītiáo	质量	zhìliàng
资金	zījīn	自信	zìxìn	枝叶	zhīyè	治安	zhì'ān
资料	zīliào	自行	zìxíng	知觉	zhījué	治疗	zhìliáo
资源	zīyuán	自由	zìyóu	直角	zhíjiǎo	致富	zhìfù
滋味	zīwèi	自愿	zìyuàn	执行	zhíxíng	致使	zhìshǐ
子弹	zǐdàn	自转	zìzhuàn	直观	zhíguān	智力	zhìlì
子弟	zǐdì	字母	zìmǔ	直径	zhíjìng	智慧	zhìhuì
子宫	zǐgōng	自从	zìcóng	值班	zhíbān	智能	zhìnéng
子女	zǐnǚ	自动	zìdòng	职能	zhínéng	指标	zhǐbiāo
子孙	zǐsūn	自发	zìfā	职权	zhíquán	指示	zhǐshì
仔细	zǐxì	自豪	zìháo	职员	zhíyuán	至此	zhìcǐ
自称	zìchēng			植物	zhíwù	至今	zhìjīn
杂交	zájiāo	杂剧	zájù	眨眼	zhǎyǎn	榨取	zhàqǔ
杂志	zázhì	杂乱	záluàn	炸弹	zhàdàn	蚱蜢	zhàměng
杂质	zázhì	杂事	záshì	诈骗	zhàpiàn	扎根	zhāgēn
杂费	záfèi	杂音	záyīn	炸药	zhàyào	闸门	zhámén
灾难	zāinàn			债务	zhàiwù		
暂时	zànshí	赞歌	zàngē	展示	zhǎnshì	战略	zhànlüè
赞成	zànchéng	赞赏	zànshǎng	展现	zhǎnxiàn	战胜	zhànshèng
赞美	zànměi	赞颂	zànsòng	崭新	zhǎnxīn	战士	zhànshì
赞叹	zàntàn	赞同	zàntóng	占领	zhànlǐng	战术	zhànshù
赞扬	zànyáng	赞许	zànxǔ	占用	zhànyòng	战役	zhànyì
暂且	zànqiě	赞誉	zànyù	占有	zhànyǒu	战友	zhànyǒu
暂行	zànxíng	赞助	zànzhù	战斗	zhàndòu	战争	zhànzhēng
脏腑	zàngfǔ	葬身	zàngshēn	章程	zhāngchéng	掌握	zhǎngwò

z		z		zh		zh	
葬礼	zànglǐ	葬送	zàngsòng	长官	zhǎngguān	障碍	zhàng'ài
遭受	zāoshòu	早已	zǎoyǐ	招待	zhāodài	照片	zhàopiàn
遭遇	zāoyù	造就	zàojiù	招生	zhāoshēng	照射	zhàoshè
早期	zǎoqī	造型	zàoxíng	着急	zháojí	照耀	zhàoyào
早日	zǎorì			召开	zhàokāi		
责任	zérèn	责骂	zémà	折射	zhéshè	哲人	zhérén
责备	zébèi	责难	zénàn	哲学	zhéxué	这样	zhèyàng
责成	zéchéng	责问	zéwèn	这些	zhèxiē	遮蔽	zhēbì
责怪	zéguài	择优	zéyōu	遮挡	zhēdǎng	褶皱	zhězhòu
责令	zélìng			折叠	zhédié	蔗糖	zhètáng
增产	zēngchǎn	怎样	zěnyàng	针灸	zhēnjiǔ	征收	zhēngshōu
增多	zēngduō	增加	zēngjiā	争取	zhēngqǔ	蒸发	zhēngfā
增高	zēnggāo	增进	zēngjìn	征服	zhēngfú	整顿	zhěngdùn
增添	zēngtiān	增强	zēngqiáng	正常	zhèngcháng	证明	zhèngmíng
增长	zēngzhǎng	憎恨	zēnghèn	正确	zhèngquè	政策	zhèngcè
增殖	zēngzhí	憎恶	zēngwù	正式	zhèngshì	政府	zhèngfǔ
		赠送	zèngsòng	证据	zhèngjù		
宗教	zōngjiào	总数	zǒngshù	中间	zhōngjiān	肿瘤	zhǒngliú
综合	zōnghé	总算	zǒngsuàn	中枢	zhōngshū	种类	zhǒnglèi
总额	zǒng'é	总体	zǒngtǐ	中旬	zhōngxún	众人	zhòngrén
总和	zǒnghé	总统	zǒngtǒng	中央	zhōngyāng	重视	zhòngshì
总结	zǒngjié	纵队	zòngduì	终年	zhōngnián	重要	zhòngyào
总理	zǒnglǐ			钟头	zhōngtóu		
走廊	zǒuláng	走私	zǒusī	周年	zhōunián	咒骂	zhòumà
走向	zǒuxiàng	奏效	zòuxiào	周围	zhōuwéi	皱纹	zhòuwén
走动	zǒudòng	奏章	zòuzhāng	昼夜	zhòuyè	骤然	zhòurán
走访	zǒufǎng			轴线	zhóuxiàn		
租界	zūjiè	阻力	zǔlì	诸如	zhūrú	贮藏	zhùcáng

z		z		zh		zh	
足够	zúgòu	组合	zǔhé	逐渐	zhújiàn	贮存	zhùcún
足球	zúqiú	祖父	zǔfù	主任	zhǔrèn	注射	zhùshè
足以	zúyǐ	祖国	zǔguó	主要	zhǔyào	祝贺	zhùhè
阻碍	zǔ'ài	祖母	zǔmǔ	助手	zhùshǒu	著名	zhùmíng
钻头	zuàntóu	祖先	zǔxiān	住房	zhùfáng		
钻探	zuāntàn			专门	zhuānmén	转身	zhuǎnshēn
				专用	zhuānyòng	转移	zhuǎnyí
嘴唇	zuǐchún	最后	zuìhòu	追究	zhuījiū	追求	zhuīqiú
最初	zuìchū	最近	zuìjìn	追捕	zhuībǔ	追随	zhuīsuí
最为	zuìwéi	罪犯	zuìfàn	追溯	zhuīsù	赘述	zhuìshù
遵守	zūnshǒu	尊敬	zūnjìng	准备	zhǔnbèi	准绳	zhǔnshéng
遵循	zūnxún	尊严	zūnyán	准确	zhǔnquè	准时	zhǔnshí
左右	zuǒyòu	作为	zuòwéi	着手	zhuóshǒu	着陆	zhuólù
作法	zuòfǎ	作业	zuòyè	捉拿	zhuōná	着落	zhuóluò
作家	zuòjiā	坐标	zuòbiāo	茁壮	zhuózhuàng		
作品	zuòpǐn	座位	zuòwèi				
		做法	zuòfǎ				

4. c—ch

c		c		ch		ch	
词典	cídiǎn	此地	cǐdì	吃饭	chīfàn	翅膀	chìbǎng
词汇	cíhuì	此后	cǐhòu	吃惊	chījīng	痴呆	chīdāi
词义	cíyì	此刻	cǐkè	吃力	chīlì	迟缓	chíhuǎn
词语	cíyǔ	此外	cǐwài	池塘	chítáng	持重	chízhòng
词组	cízǔ	次序	cìxù	持续	chíxù	耻辱	chǐrǔ
辞职	cízhí	次要	cìyào	尺度	chǐdù	斥责	chìzé
磁力	cílì	次数	cìshù	持久	chíjiǔ	齿龈	chǐyín
磁铁	cítiě	擦拭	cāshì	赤道	chìdào	差别	chābié
才能	cáinéng	采访	cǎifǎng	拆除	chāichú	拆卸	chāixiè

c	c	ch	ch
材料 cáiliào	采用 cǎiyòng	拆毁 chāihuǐ	差使 chāishǐ
财富 cáifù	彩色 cǎisè	拆迁 chāiqiān	柴油 cháiyóu
参观 cānguān	苍白 cāngbái	产地 chǎndì	长短 chángduǎn
参加 cānjiā	仓库 cāngkù	产量 chǎnliàng	长远 chángyuǎn
参考 cānkǎo	仓皇 cānghuáng	产品 chǎnpǐn	长征 chángzhēng
参谋 cānmóu	沧桑 cāngsāng	产生 chǎnshēng	尝试 chángshì
参数 cānshù	藏书 cángshū	产物 chǎnwù	场所 chǎngsuǒ
参与 cānyù	苍老 cānglǎo	产业 chǎnyè	常年 chángnián
参照 cānzhào	苍茫 cāngmáng	产值 chǎnzhí	常识 chángshí
残酷 cánkù	苍穹 cāngqióng	阐明 chǎnmíng	常数 chángshù
残余 cányú	苍天 cāngtiān	阐述 chǎnshù	场面 chǎngmiàn
	藏身 cángshēn	颤抖 chàndǒu	
操纵 cāozòng	草地 cǎodì	超额 chāo’é	朝廷 cháotíng
操作 cāozuò	草原 cǎoyuán	超过 chāoguò	潮流 cháoliú
草案 cǎo’àn		超越 chāoyuè	潮湿 cháoshī
侧面 cèmiàn	测量 cèliáng	车间 chējiān	车站 chēzhàn
侧重 cèzhòng	测验 cèyàn	车辆 chēliàng	撤销 chèxiāo
测定 cèdìng	策略 cèlüè	车厢 chēxiāng	彻底 chèdǐ
曾经 céngjīng	层面 céngmiàn	乘机 chéngjī	成绩 chéngjì
促进 cùjìn	粗放 cūfàng	出口 chūkǒu	除非 chúfēi
粗暴 cūbào	粗略 cūlüè	出色 chūsè	处罚 chǔfá
粗笨 cūbèn	粗俗 cūsú	出身 chūshēn	处分 chǔfèn
粗布 cūbù	粗细 cūxì	出生 chūshēng	处境 chǔjìng
粗大 cūdà	粗心 cūxīn	出售 chūshòu	处理 chǔlǐ
粗壮 cūzhuàng	粗野 cūyě	出血 chūxiě	储量 chǔliàng
簇拥 cùyōng		初中 chūzhōng	储蓄 chǔxù
从而 cóng’ér	匆忙 cōngmáng	冲击 chōngjī	充满 chōngmǎn
从来 cónglái	聪慧 cōnghuì	冲破 chōngpò	充实 chōngshí

c		c		ch		ch	
从前	cóngqián	从军	cóngjūn	冲突	chōngtū	充足	chōngzú
从事	cóngshì	从属	cóngshǔ	充当	chōngdāng	重复	chóngfù
从小	cóngxiǎo	从头	cóngtóu	充分	chōngfèn	充沛	chōngpèi
从新	cóngxīn	丛生	cóngshēng	重合	chónghé	充血	chōngxuè
从业	cóngyè	丛书	cóngshū	重新	chóngxīn	崇高	chónggāo
丛林	cónglín			崇拜	chóngbài	宠儿	chǒng'ér
催化	cuīhuà	翠绿	cuìlǜ	吹嘘	chuīxū	垂死	chuísǐ
淬火	cuìhuǒ	萃取	cuìqǔ				
村庄	cūnzhuāng	村寨	cūnzhài	春节	chūnjié	春天	chūntiān
存款	cúnkuǎn	存放	cúnfàng	春秋	chūnqiū	纯洁	chúnjié
存在	cúnzài						
挫折	cuòzhé	措施	cuòshī	啜泣	chuòqì	绰号	chuòhào

5. s—sh

s		s		sh		sh	
司法	sīfǎ	思考	sīkǎo	尸体	shītǐ	实践	shíjiàn
司机	sījī	思路	sīlù	失望	shīwàng	实质	shízhì
司令	sīlìng	思维	sīwéi	师长	shīzhǎng	食用	shíyòng
丝毫	sīháo	思想	sīxiǎng	诗人	shīrén	使命	shǐmìng
私人	sīrén	死亡	sǐwáng	施肥	shīféi	始终	shǐzhōng
私营	sīyíng	饲料	sìliào	湿润	shīrùn	试管	shìguǎn
私有	sīyǒu	饲养	sìyǎng	石灰	shíhuī	视觉	shìjué
思潮	sīcháo	思忖	sīcǔn	时间	shíjiān	是否	shìfǒu
伺机	sìjī	四周	sìzhōu	释放	shìfàng	市场	shìchǎng
死刑	sǐxíng	寺院	sìyuàn	士兵	shìbīng	事迹	shìjì
四处	sìchù	似乎	sìhū	氏族	shìzú	势能	shìnéng
四面	sìmiàn			示范	shìfàn		
撒谎	sāhuǎng	撒手	sāshǒu	杀害	shāhài	沙滩	shātān
赛跑	sàipǎo			沙漠	shāmò	筛选	shāixuǎn

s		s		sh		sh	
三角	sānjiǎo	散步	sànbù	山林	shānlín	善良	shànliáng
散布	sànbù	散发	sànfā	山脉	shānmài	善于	shànyú
散文	sǎnwén			闪光	shǎnguāng		
丧事	sāngshì	嗓音	sǎngyīn	伤害	shānghài	上层	shàngcéng
丧葬	sāngzàng	丧气	sàngqì	商人	shāngrén	上午	shàngwǔ
扫荡	sǎodàng	扫盲	sǎománg	稍微	shāowēi	烧瓶	shāopíng
骚动	sāodòng	扫描	sǎomiáo	少量	shǎoliàng	烧香	shāoxiāng
骚扰	sāorǎo	扫射	sǎoshè	少年	shàonián	少儿	shào'ér
扫除	sǎochú	扫视	sǎoshì	少女	shàonǚ	少妇	shàofù
扫地	sǎodì	扫兴	sǎoxìng	烧毁	shāohuǐ	哨兵	shàobīng
色彩	sècǎi	色盲	sèmáng	设置	shèzhì	涉及	shèjí
色调	sèdiào	色情	sèqíng	社会	shèhuì	摄影	shèyǐng
色光	sèguāng			设计	shèjì	射线	shèxiàn
森严	sēnyán	森林	sēnlín	甚至	shènzhì	渗透	shèntòu
僧侣	sēnglǚ	僧尼	sēngní	盛行	shèngxíng	剩余	shèngyú
搜查	sōuchá	搜集	sōují	守恒	shǒuhéng	手表	shǒubiǎo
搜刮	sōuguā	搜捕	sōubǔ	首先	shǒuxiān	寿命	shòumìng
搜罗	sōuluó	搜寻	sōuxún	收入	shōurù	狩猎	shòuliè
俗称	súchēng	速率	sùlǜ	熟练	shúliàn	书籍	shūjí
素材	sùcái	塑料	sùliào	属于	shǔyú	抒情	shūqíng
素质	sùzhì	塑造	sùzào	树立	shùlì	蔬菜	shūcài
速度	sùdù			数学	shùxué		
酸痛	suāntòng	算命	suànmìng	双方	shuāngfāng	双语	shuāngyǔ
酸雨	suānyǔ	算术	suànshù	双边	shuāngbiān	霜冻	shuāngdòng
酸枣	suānzǎo	算账	suànzhàng	双重	shuāngchóng	霜期	shuāngqī
随时	suíshí	随便	suíbiàn	水泥	shuǐní	水分	shuǐfèn
随意	suíyì	随后	suíhòu	水平	shuǐpíng	水银	shuǐyín
岁月	suìyuè			水文	shuǐwén	水泵	shuǐbèng

s		s		sh		sh	
损害	sǔnhài	损坏	sǔnhuài	顺利	shùnlì	瞬间	shùnjiān
损耗	sǔnhào			顺序	shùnxù		
缩短	suōduǎn	所以	suǒyǐ	说服	shuōfú	说明	shuōmíng
缩小	suōxiǎo	所有	suǒyǒu	说话	shuōhuà		
所谓	suǒwèi	所在	suǒzài				
松动	sōngdòng	送别	sòngbié	衰变	shuāibiàn	衰落	shuāiluò
松软	sōngruǎn	送礼	sònglǐ	衰老	shuāilǎo	衰弱	shuāiruò
松手	sōngshǒu	送气	sòngqì	率领	shuàilǐng	衰退	shuāituì
松鼠	sōngshǔ	送行	sòngxíng	衰败	shuāibài	衰亡	shuāiwáng
松懈	sōngxiè	送葬	sòngzàng	衰减	shuāijiǎn	摔跤	shuāijiāo
怂恿	sǒngyǒng	诵读	sòngdú	衰竭	shuāijié	率先	shuàixiān
耸立	sǒnglì	颂扬	sòngyáng				

二、韵母难点

1. i—ü　ie—üe

i		ü		ie		üe	
医生	yīshēng	于是	yúshì	也许	yěxǔ	约束	yuēshù
医药	yīyào	娱乐	yúlè	冶金	yějīn	月初	yuèchū
医院	yīyuàn	渔业	yúyè	冶炼	yěliàn	月份	yuèfèn
依次	yīcì	愉快	yúkuài	野蛮	yěmán	月光	yuèguāng
依法	yīfǎ	羽毛	yǔmáo	野生	yěshēng	月球	yuèqiú
依附	yīfù	雨水	yǔshuǐ	野兽	yěshòu	乐队	yuèduì
依然	yīrán	语法	yǔfǎ	野外	yěwài	乐器	yuèqì
依照	yīzhào	语音	yǔyīn	业务	yèwù	乐曲	yuèqǔ
仪式	yíshì	育种	yùzhǒng	业余	yèyú	阅读	yuèdú
移动	yídòng	预报	yùbào	叶片	yèpiàn	越冬	yuèdōng
移民	yímín	预备	yùbèi	夜间	yèjiān	越过	yuèguò
移植	yízhí	预测	yùcè	夜晚	yèwǎn	约法	yuēfǎ

i		ü		ie		üe	
遗产	yíchǎn	预定	yùdìng	液态	yètài	月色	yuèsè
遗憾	yíhàn	预料	yùliào	野菜	yěcài	月食	yuèshí
遗址	yízhǐ	预算	yùsuàn	业绩	yèjì	乐谱	yuèpǔ
遗嘱	yízhǔ	预先	yùxiān	叶脉	yèmài	乐团	yuètuán
疑惑	yíhuò	预言	yùyán	夜色	yèsè	岳父	yuèfù
疑问	yíwèn	欲望	yùwàng	捏造	niēzào	阅兵	yuèbīng
以后	yǐhòu	迂回	yūhuí	列车	lièchē	悦耳	yuè'ěr
以内	yǐnèi	淤泥	yūní	列举	lièjǔ	越轨	yuèguǐ
以往	yǐwǎng	鱼鳞	yúlín	烈士	lièshì	虐待	nüèdài
以至	yǐzhì	愚蠢	yúchǔn	阶层	jiēcéng	掠夺	lüèduó
以致	yǐzhì	预兆	yùzhào	阶段	jiēduàn	略微	lüèwēi
义务	yìwù	浴室	yùshì	接触	jiēchù	决策	juécè
艺术	yìshù	愈合	yùhé	接受	jiēshòu	决定	juédìng
异常	yìcháng	寓所	yùsuǒ	揭露	jiēlù	决心	juéxīn
抑制	yìzhì	女工	nǚgōng	街头	jiētóu	角色	juésè
意境	yìjìng	女人	nǚrén	节目	jiémù	觉察	juéchá
依然	yīrán	女士	nǚshì	节日	jiérì	觉悟	juéwù
尼龙	nílóng	女性	nǚxìng	节省	jiéshěng	绝对	juéduì
拟人	nǐrén	女子	nǚzǐ	节奏	jiézòu	绝望	juéwàng
逆转	nìzhuǎn	旅馆	lǚguǎn	杰出	jiéchū	决断	juéduàn
溺爱	nì'ài	旅客	lǚkè	洁白	jiébái	决赛	juésài
离婚	líhūn	旅行	lǚxíng	结构	jiégòu	决死	juésǐ
礼貌	lǐmào	旅游	lǚyóu	结婚	jiéhūn	决算	juésuàn
理由	lǐyóu	履行	lǚxíng	结束	jiéshù	决意	juéyì
历史	lìshǐ	律师	lǜshī	竭力	jiélì	决战	juézhàn
利润	lìrùn	绿化	lǜhuà	姐妹	jiěmèi	诀窍	juéqiào
例如	lìrú	居民	jūmín	解放	jiěfàng	抉择	juézé
粒子	lìzǐ	居然	jūrán	解除	jiěchú	绝迹	juéjì

i		ü		ie		üe	
饥饿	jī'è	居住	jūzhù	解剖	jiěpōu	绝技	juéjì
机械	jīxiè	局部	júbù	解散	jiěsàn	绝境	juéjìng
肌肉	jīròu	局面	júmiàn	解释	jiěshì	绝妙	juémiào
积累	jīlěi	局势	júshì	介绍	jièshào	绝食	juéshí
基因	jīyīn	局限	júxiàn	介质	jièzhì	绝缘	juéyuán
激光	jīguāng	菊花	júhuā	界限	jièxiàn	崛起	juéqǐ
激素	jīsù	举办	jǔbàn	借款	jièkuǎn	爵士	juéshì
极端	jíduān	举动	jǔdòng	借用	jièyòng	攫取	juéqǔ
即使	jíshǐ	举行	jǔxíng	借助	jièzhù	缺点	quēdiǎn
疾病	jíbìng	巨大	jùdà	切除	qiēchú	缺乏	quēfá
集资	jízī	具备	jùbèi	切磋	qiēcuō	缺少	quēshǎo
济济	jǐjǐ	具体	jùtǐ	切点	qiēdiǎn	缺陷	quēxiàn
计算	jìsuàn	具有	jùyǒu	切口	qiēkǒu	确保	quèbǎo
记载	jìzǎi	剧本	jùběn	切面	qiēmiàn	确定	quèdìng
纪念	jìniàn	剧场	jùchǎng	切片	qiēpiàn	确立	quèlì
机能	jīnéng	剧烈	jùliè	切线	qiēxiàn	确认	quèrèn
既然	jìrán	剧团	jùtuán	切实	qièshí	确实	quèshí
既是	jìshì	剧种	jùzhǒng	切合	qièhé	学科	xuékē
继承	jìchéng	据说	jùshuō	切身	qièshēn	学术	xuéshù
继续	jìxù	距离	jùlí	怯懦	qiènuò	学习	xuéxí
祭祀	jìsì	距离	jùlí	窃取	qièqǔ		
寂寞	jìmò	区别	qūbié	协定	xiédìng	削弱	xuēruò
凄凉	qīliáng	区分	qūfēn	协会	xiéhuì	学会	xuéhuì
欺骗	qīpiàn	曲线	qūxiàn	协商	xiéshāng	学派	xuépài
其次	qícì	曲折	qūzhé	协调	xiétiáo	学说	xuéshuō
其实	qíshí	驱逐	qūzhú	协同	xiétóng	学堂	xuétáng
奇怪	qíguài	屈服	qūfú	协议	xiéyì	学徒	xuétú
旗帜	qízhì	趋势	qūshì	协助	xiézhù	学校	xuéxiào

i		ü		ie		üe	
企业	qǐyè	趋向	qūxiàng	协和	xiéhé	学员	xuéyuán
启发	qǐfā	渠道	qúdào	携带	xiédài	学院	xuéyuàn
起身	qǐshēn	取代	qǔdài	写作	xiězuò	学者	xuézhě
起源	qǐyuán	取得	qǔdé	歇脚	xiējiǎo	雪白	xuěbái
气候	qìhòu	取消	qǔxiāo	协约	xiéyuē	雪花	xuěhuā
气质	qìzhì	去年	qùnián	邪恶	xié'è	血管	xuèguǎn
汽车	qìchē	去世	qùshì	胁迫	xiépò	血液	xuèyè
契约	qìyuē	趣味	qùwèi	斜坡	xiépō	削价	xuējià
器官	qìguān	需求	xūqiú	谐调	xiétiáo	穴位	xuéwèi
希望	xīwàng	需要	xūyào	携手	xiéshǒu	学年	xuénián
牺牲	xīshēng	许多	xǔduō	泄漏	xièlòu	雪茄	xuějiā
熄灭	xīmiè	叙述	xùshù	械斗	xièdòu		
袭击	xíjī			谢绝	xièjué		

2. ai—ei uai—uei (ui)

ai		ei		uai		uei (ui)	
爱国	àiguó	悲惨	bēicǎn	歪曲	wāiqū	危险	wēixiǎn
爱好	àihào	悲剧	bēijù	外表	wàibiǎo	威胁	wēixié
爱护	àihù	北方	běifāng	外部	wàibù	微笑	wēixiào
爱情	àiqíng	背后	bèihòu	外地	wàidì	为止	wéizhǐ
白色	báisè	背景	bèijǐng	外国	wàiguó	违反	wéifǎn
百年	bǎinián	被动	bèidòng	外交	wàijiāo	围剿	wéijiǎo
百姓	bǎixìng	被告	bèigào	外界	wàijiè	围绕	wéirào
摆动	bǎidòng	培训	péixùn	外科	wàikē	维护	wéihù
摆脱	bǎituō	培养	péiyǎng	外来	wàilái	伟大	wěidà
拍摄	pāishè	培育	péiyù	外力	wàilì	纬度	wěidù
排斥	páichì	赔偿	péicháng	外贸	wàimào	委托	wěituō
排除	páichú	配合	pèihé	外商	wàishāng	委员	wěiyuán
排放	páifàng	配置	pèizhì	外语	wàiyǔ	卫星	wèixīng

ai		ei		uai		uei（ui）	
派遣	pàiqiǎn	没事	méishì	外在	wàizài	为何	wèihé
埋葬	máizàng	煤炭	méitàn	外宾	wàibīn	位移	wèiyí
买主	mǎizhǔ	每年	měinián	外出	wàichū	对称	duìchèn
迈步	màibù	美感	měigǎn	外观	wàiguān	对方	duìfāng
迈进	màijìn	美好	měihǎo	外行	wàiháng	对抗	duìkàng
麦收	màishōu	美化	měihuà	外籍	wàijí	对于	duìyú
卖国	màiguó	美丽	měilì	外露	wàilù	对象	duìxiàng
卖力	màilì	美术	měishù	外貌	wàimào	对应	duìyìng
卖主	màizhǔ	美学	měixué	外人	wàirén	对照	duìzhào
脉搏	màibó	美元	měiyuán	外伤	wàishāng	推测	tuīcè
脉冲	màichōng	没趣	méiqù	外省	wàishěng	推翻	tuīfān
脉络	màiluò	内部	nèibù	外事	wàishì	推荐	tuījiàn
代表	dàibiǎo	内地	nèidì	外套	wàitào	退出	tuìchū
代价	dàijià	内涵	nèihán	外销	wàixiāo	归结	guījié
代理	dàilǐ	内容	nèiróng	外延	wàiyán	归来	guīlái
代谢	dàixiè	内外	nèiwài	外债	wàizhài	归纳	guīnà
带领	dàilǐng	内心	nèixīn	外长	wàizhǎng	规定	guīdìng
贷款	dàikuǎn	内脏	nèizàng	外族	wàizú	规范	guīfàn
待遇	dàiyù	雷达	léidá	拐棍	guǎigùn	规划	guīhuà
逮捕	dàibǔ	泪水	lèishuǐ	拐弯	guǎiwān	规律	guīlǜ
胎儿	tāi'ér	类似	lèisì	拐杖	guǎizhàng	规模	guīmó
台风	táifēng	类型	lèixíng	怪事	guàishì	规则	guīzé
太平	tàipíng	雷鸣	léimíng	怪异	guàiyì	轨道	guǐdào
乃至	nǎizhì	雷雨	léiyǔ	快速	kuàisù	贵族	guìzú
耐心	nàixīn	累积	lěijī	快要	kuàiyào	亏损	kuīsǔn
来回	láihuí	肋骨	lèigǔ	快感	kuàigǎn	灰尘	huīchén
来往	láiwǎng	泪痕	lèihén	快慢	kuàimàn	灰色	huīsè
来信	láixìn	类群	lèiqún	快艇	kuàitǐng	回避	huíbì

ai		ei		uai		uei（ui）	
来源	láiyuán	类推	lèituī	快意	kuàiyì	回答	huídá
改造	gǎizào	给以	gěiyǐ	怀抱	huáibào	回顾	huígù
概括	gàikuò	黑暗	hēi'àn	怀念	huáiniàn	回头	huítóu
概率	gàilǜ	黑人	hēirén	怀疑	huáiyí	回忆	huíyì
开拓	kāituò	黑夜	hēiyè	坏人	huàirén	毁灭	huǐmiè
开展	kāizhǎn	黑白	hēibái	怀孕	huáiyùn	汇报	huìbào
海岸	hǎi'àn	黑板	hēibǎn	坏蛋	huàidàn	会场	huìchǎng
海域	hǎiyù	黑洞	hēidòng	坏死	huàisǐ	会见	huìjiàn
害虫	hàichóng	黑体	hēitǐ	坏事	huàishì	会员	huìyuán

3. ao、ou、uo、ong

ao		ou		uo		ong	
奥秘	àomì	偶尔	ǒu'ěr	国防	guófáng	公园	gōngyuán
高产	gāochǎn	偶然	ǒurán	国会	guóhuì	公正	gōngzhèng
高大	gāodà	勾结	gōujié	国际	guójì	公主	gōngzhǔ
高等	gāoděng	沟通	gōutōng	国家	guójiā	功率	gōnglǜ
高低	gāodī	构成	gòuchéng	国民	guómín	功能	gōngnéng
高级	gāojí	构思	gòusī	国情	guóqíng	攻击	gōngjī
高空	gāokōng	购买	gòumǎi	国王	guówáng	供给	gōngjǐ
高尚	gāoshàng	购销	gòuxiāo	国土	guótǔ	供求	gōngqiú
高速	gāosù	勾画	gōuhuà	国营	guóyíng	供应	gōngyìng
高温	gāowēn	勾勒	gōulè	国有	guóyǒu	宫廷	gōngtíng
高校	gāoxiào	勾引	gōuyǐn	果断	guǒduàn	共鸣	gòngmíng
高兴	gāoxìng	沟谷	gōugǔ	果然	guǒrán	贡献	gòngxiàn
高压	gāoyā	沟渠	gōuqú	果实	guǒshí	空间	kōngjiān
高原	gāoyuán	苟且	gǒuqiě	果树	guǒshù	空军	kōngjūn
高涨	gāozhǎng	狗熊	gǒuxióng	过程	guòchéng	空气	kōngqì
告别	gàobié	构件	gòujiàn	过度	guòdù	空前	kōngqián
考察	kǎochá	构图	gòutú	过渡	guòdù	空虚	kōngxū

ao		ou		uo		ong	
考核	kǎohé	构想	gòuxiǎng	过分	guòfèn	孔雀	kǒngquè
考虑	kǎolǜ	构筑	gòuzhù	过后	guòhòu	恐慌	kǒnghuāng
考试	kǎoshì	购置	gòuzhì	过年	guònián	恐惧	kǒngjù
考验	kǎoyàn	口头	kǒutóu	过于	guòyú	恐怕	kǒngpà
靠近	kàojìn	口语	kǒuyǔ	扩大	kuòdà	空白	kòngbái
好比	hǎobǐ	后代	hòudài	扩散	kuòsàn	控制	kòngzhì
好多	hǎoduō	后方	hòufāng	扩展	kuòzhǎn	红军	hóngjūn
好看	hǎokàn	后果	hòuguǒ	扩张	kuòzhāng	红旗	hóngqí
好人	hǎorén	后悔	hòuhuǐ	活力	huólì	红色	hóngsè
好听	hǎotīng	后来	hòulái	活跃	huóyuè	宏观	hóngguān
好像	hǎoxiàng	后期	hòuqī	火柴	huǒchái	宏伟	hóngwěi
好转	hǎozhuǎn	后人	hòurén	火车	huǒchē	洪水	hóngshuǐ
好奇	hàoqí	后世	hòushì	火光	huǒguāng	东北	dōngběi
导管	dǎoguǎn	后天	hòutiān	火箭	huǒjiàn	东方	dōngfāng
导线	dǎoxiàn	厚度	hòudù	火山	huǒshān	东南	dōngnán
导演	dǎoyǎn	斗争	dòuzhēng	火星	huǒxīng	东欧	dōng'ōu
导致	dǎozhì	抖动	dǒudòng	火焰	huǒyàn	冬季	dōngjì
倒霉	dǎoméi	陡坡	dǒupō	伙伴	huǒbàn	冬天	dōngtiān
到处	dàochù	陡峭	dǒuqiào	或许	huòxǔ	动词	dòngcí
盗窃	dàoqiè	陡然	dǒurán	或者	huòzhě	动机	dòngjī
道教	dàojiào	斗志	dòuzhì	货币	huòbì	动力	dònglì
道路	dàolù	豆浆	dòujiāng	货物	huòwù	动量	dòngliàng
稻谷	dàogǔ	逗留	dòuliú	获得	huòdé	动脉	dòngmài
逃避	táobì	头顶	tóudǐng	获取	huòqǔ	动能	dòngnéng
陶冶	táoyě	投产	tóuchǎn	多数	duōshù	动人	dòngrén
讨论	tǎolùn	投机	tóujī	多余	duōyú	动手	dòngshǒu
讨厌	tǎoyàn	投入	tóurù	夺取	duóqǔ	动物	dòngwù
包含	bāohán	投降	tóuxiáng	脱离	tuōlí	动摇	dòngyáo

ao		ou		uo		ong	
包括	bāokuò	投资	tóuzī	脱落	tuōluò	动员	dòngyuán
包围	bāowéi	透镜	tòujìng	妥协	tuǒxié	通常	tōngcháng
包装	bāozhuāng	透露	tòulù	波长	bōcháng	通过	tōngguò
饱和	bǎohé	透明	tòumíng	波动	bōdòng	通信	tōngxìn
宝贵	bǎoguì	楼房	lóufáng	波浪	bōlàng	通讯	tōngxùn
宝石	bǎoshí	收回	shōuhuí	剥夺	bōduó	通用	tōngyòng
保持	bǎochí	收获	shōuhuò	剥削	bōxuē	同伴	tóngbàn
保存	bǎocún	收集	shōují	博士	bóshì	同胞	tóngbāo
保留	bǎoliú	收益	shōuyì	搏斗	bódòu	同类	tónglèi
报刊	bàokān	手臂	shǒubì	薄弱	bóruò	同年	tóngnián
暴露	bàolù	手段	shǒuduàn	迫害	pòhài	同期	tóngqī
爆炸	bàozhà	手法	shǒufǎ	迫切	pòqiè	童年	tóngnián
招待	zhāodài	手工	shǒugōng	迫使	pòshǐ	统治	tǒngzhì
着急	zháojí	手指	shǒuzhǐ	破产	pòchǎn	痛苦	tòngkǔ
召开	zhàokāi	首都	shǒudū	破坏	pòhuài	公认	gōngrèn
照耀	zhàoyào	仇恨	chóuhèn	破裂	pòliè	工场	gōngchǎng

4. iao—iou（iu）

iao		iao		iou（iu）		iou（iu）	
挑战	tiǎozhàn	跳舞	tiàowǔ	牛顿	niúdùn	扭转	niǔzhuǎn
跳动	tiàodòng	跳跃	tiàoyuè	纠纷	jiūfēn	旧址	jiùzhǐ
交叉	jiāochā	角落	jiǎoluò	纠正	jiūzhèng	臼齿	jiùchǐ
交错	jiāocuò	脚步	jiǎobù	救国	jiùguó	救护	jiùhù
交代	jiāodài	脚下	jiǎoxià	就是	jiùshì	救火	jiùhuǒ
交换	jiāohuàn	脚印	jiǎoyìn	就算	jiùsuàn	救命	jiùmìng
交谈	jiāotán	叫做	jiàozuò	就业	jiùyè	救亡	jiùwáng
交替	jiāotì	较为	jiàowéi	纠缠	jiūchán	救援	jiùyuán
交通	jiāotōng	教材	jiàocái	纠葛	jiūgé	救灾	jiùzāi
交往	jiāowǎng	教导	jiàodǎo	纠集	jiūjí	救助	jiùzhù

iao	iao	iou（iu）	iou（iu）
交易 jiāoyì	教会 jiàohuì	久远 jiǔyuǎn	就餐 jiùcān
交织 jiāozhī	教练 jiàoliàn	韭菜 jiǔcài	就此 jiùcǐ
郊区 jiāoqū	教师 jiàoshī	酒吧 jiǔbā	就地 jiùdì
骄傲 jiāo’ào	教室 jiàoshì	酒店 jiǔdiàn	就读 jiùdú
焦点 jiāodiǎn	教授 jiàoshòu	酒会 jiǔhuì	就近 jiùjìn
角度 jiǎodù	教堂 jiàotáng	酒家 jiǔjiā	就任 jiùrèn
教养 jiàoyǎng	教训 jiàoxùn	酒席 jiǔxí	就绪 jiùxù
教义 jiàoyì	教育 jiàoyù	旧历 jiùlì	就学 jiùxué
邀请 yāoqǐng	教员 jiàoyuán	旧式 jiùshì	
摇头 yáotóu	药品 yàopǐn	舅妈 jiùmā	就坐 jiùzuò
摇撼 yáohàn	药物 yàowù	优点 yōudiǎn	游泳 yóuyǒng
遥远 yáoyuǎn	要紧 yàojǐn	优惠 yōuhuì	友好 yǒuhǎo
标题 biāotí	要素 yàosù	优良 yōuliáng	友人 yǒurén
标语 biāoyǔ	表情 biǎoqíng	优美 yōuměi	友谊 yǒuyì
标志 biāozhì	表示 biǎoshì	优势 yōushì	有关 yǒuguān
标准 biāozhǔn	表述 biǎoshù	优先 yōuxiān	有机 yǒujī
表层 biǎocéng	表现 biǎoxiàn	优越 yōuyuè	有力 yǒulì
表达 biǎodá	表象 biǎoxiàng	优质 yōuzhì	有利 yǒulì
表面 biǎomiàn	表演 biǎoyǎn	忧郁 yōuyù	有名 yǒumíng
表明 biǎomíng	表扬 biǎoyáng	幽默 yōumò	有趣 yǒuqù
描绘 miáohuì	表彰 biǎozhāng	尤其 yóuqí	有如 yǒurú
描述 miáoshù	描写 miáoxiě	尤为 yóuwéi	有时 yǒushí
雕刻 diāokè	调查 diàochá	由于 yóuyú	有限 yǒuxiàn
雕塑 diāosù	调动 diàodòng	犹如 yóurú	有益 yǒuyì
挑选 tiāoxuǎn	调和 tiáohé	犹豫 yóuyù	有意 yǒuyì
条件 tiáojiàn	调节 tiáojié	油画 yóuhuà	右手 yòushǒu
条款 tiáokuǎn	调解 tiáojiě	油田 yóutián	幼虫 yòuchóng
条例 tiáolì	调整 tiáozhěng	游击 yóujī	幼儿 yòu’ér

iao	iao	iou（iu）	iou（iu）
条约 tiáoyuē		游戏 yóuxì	幼年 yòunián
桥梁 qiáoliáng		游行 yóuxíng	诱导 yòudǎo
消除 xiāochú	小儿 xiǎo’ér	秋天 qiūtiān	修剪 xiūjiǎn
消毒 xiāodú	小麦 xiǎomài	求证 qiúzhèng	修配 xiūpèi
消费 xiāofèi	小时 xiǎoshí	酋长 qiúzhǎng	修缮 xiūshàn
消耗 xiāohào	小型 xiǎoxíng	休眠 xiūmián	羞怯 xiūqiè
消化 xiāohuà	小组 xiǎozǔ	修辞 xiūcí	羞辱 xiūrǔ
消极 xiāojí	校长 xiàozhǎng	修复 xiūfù	羞涩 xiūsè
消灭 xiāomiè	笑容 xiàoróng	修改 xiūgǎi	秀丽 xiùlì
消失 xiāoshī	效果 xiàoguǒ	修建 xiūjiàn	秀美 xiùměi
消亡 xiāowáng	效力 xiàolì	修理 xiūlǐ	袖珍 xiùzhēn
硝酸 xiāosuān	效率 xiàolǜ	修养 xiūyǎng	绣花 xiùhuā
	效益 xiàoyì	修正 xiūzhèng	嗅觉 xiùjué

5. an—ang（uan—uang） ian—iang

an（uan）	ang（uang）	ian	iang
安定 āndìng	昂贵 ángguì	延长 yáncháng	羊毛 yángmáo
安静 ānjìng	昂然 ángrán	延伸 yánshēn	阳光 yángguāng
安排 ānpái	昂首 ángshǒu	延续 yánxù	养分 yǎngfèn
安培 ānpéi	昂扬 ángyáng	严格 yángé	养料 yǎngliào
安全 ānquán	盎然 àngrán	严寒 yánhán	养殖 yǎngzhí
安慰 ānwèi	帮助 bāngzhù	严峻 yánjùn	氧化 yǎnghuà
安心 ānxīn	榜样 bǎngyàng	严密 yánmì	氧气 yǎngqì
安置 ānzhì	傍晚 bàngwǎn	严肃 yánsù	样本 yàngběn
安装 ānzhuāng	庞大 pángdà	严重 yánzhòng	样品 yàngpǐn
按照 ànzhào	旁边 pángbiān	言论 yánlùn	江南 jiāngnán
暗示 ànshì	旁人 pángrén	岩石 yánshí	将近 jiāngjìn
暗中 ànzhōng	旁听 pángtīng	沿岸 yán’àn	将来 jiānglái
搬家 bānjiā	膀胱 pángguāng	沿海 yánhǎi	将要 jiāngyào

an（uan）		ang（uang）		ian		iang	
搬运	bānyùn	磅礴	pángbó	研究	yánjiū	讲话	jiǎnghuà
板凳	bǎndèng	忙碌	mánglù	研制	yánzhì	讲述	jiǎngshù
板块	bǎnkuài	盲目	mángmù	盐酸	yánsuān	奖金	jiǎngjīn
办法	bànfǎ	当初	dāngchū	颜色	yánsè	奖励	jiǎnglì
办理	bànlǐ	当代	dāngdài	掩盖	yǎngài	降低	jiàngdī
办事	bànshì	当即	dāngjí	掩护	yǎnhù	降落	jiàngluò
半岛	bàndǎo	当今	dāngjīn	眼光	yǎnguāng	降水	jiàngshuǐ
半径	bànjìng	当局	dāngjú	眼镜	yǎnjìng	强大	qiángdà
半天	bàntiān	当年	dāngnián	眼泪	yǎnlèi	强盗	qiángdào
半夜	bànyè	当前	dāngqián	眼神	yǎnshén	强调	qiángdiào
扮演	bànyǎn	当时	dāngshí	演唱	yǎnchàng	强度	qiángdù
伴随	bànsuí	当选	dāngxuǎn	演出	yǎnchū	强化	qiánghuà
伴奏	bànzòu	当中	dāngzhōng	演化	yǎnhuà	强烈	qiángliè
判处	pànchǔ	党委	dǎngwěi	演说	yǎnshuō	强制	qiángzhì
判定	pàndìng	党性	dǎngxìng	演绎	yǎnyì	墙壁	qiángbì
判断	pànduàn	党员	dǎngyuán	演奏	yǎnzòu	抢救	qiǎngjiù
判决	pànjué	当成	dàngchéng	演员	yǎnyuán	乡村	xiāngcūn
盼望	pànwàng	当票	dàngpiào	厌恶	yànwù	相当	xiāngdāng
满意	mǎnyì	当铺	dàngpù	宴会	yànhuì	相等	xiāngděng
满足	mǎnzú	当天	dàngtiān	验证	yànzhèng	相对	xiāngduì
漫长	màncháng	当做	dàngzuò	尖锐	jiānruì	相反	xiāngfǎn
担负	dānfù	倘若	tǎngruò	歼灭	jiānmiè	相关	xiāngguān
担任	dānrèn	堂皇	tánghuáng	坚持	jiānchí	相互	xiānghù
担心	dānxīn	搪瓷	tángcí	坚定	jiāndìng	相继	xiāngjì
单纯	dānchún	搪塞	tángsè	坚固	jiāngù	相交	xiāngjiāo
单调	dāndiào	糖果	tángguǒ	坚实	jiānshí	相近	xiāngjìn
单位	dānwèi	倘使	tǎngshǐ	坚硬	jiānyìng	相似	xiāngsì
单一	dānyī	刚才	gāngcái	肩膀	jiānbǎng	相通	xiāngtōng

an（uan）		ang（uang）		ian		iang	
但是	dànshì	纲领	gānglǐng	艰苦	jiānkǔ	相同	xiāngtóng
诞生	dànshēng	钢琴	gāngqín	艰难	jiānnán	相应	xiāngyìng
淡水	dànshuǐ	钢铁	gāngtiě	监督	jiāndū	享受	xiǎngshòu
蛋白	dànbái	岗位	gǎngwèi	监视	jiānshì	享有	xiǎngyǒu
谈话	tánhuà	港口	gǎngkǒu	监狱	jiānyù	响声	xiǎngshēng
谈论	tánlùn	刚好	gānghǎo	检查	jiǎnchá	响应	xiǎngyìng
弹簧	tánhuáng	刚健	gāngjiàn	减轻	jiǎnqīng	向来	xiànglái
弹性	tánxìng	刚强	gāngqiáng	减弱	jiǎnruò	向上	xiàngshàng
坦克	tǎnkè	肛门	gāngmén	减少	jiǎnshǎo	向往	xiàngwǎng
叹息	tànxī	纲要	gāngyào	简称	jiǎnchēng	项目	xiàngmù
探测	tàncè	钢笔	gāngbǐ	简单	jiǎndān	象征	xiàngzhēng
探索	tànsuǒ	钢材	gāngcái	简化	jiǎnhuà	橡胶	xiàngjiāo
干脆	gāncuì	钢筋	gāngjīn	简直	jiǎnzhí	橡皮	xiàngpí
干扰	gānrǎo	钢盔	gāngkuī	间隔	jiàngé	央求	yāngqiú
干涉	gānshè	港币	gǎngbì	建国	jiànguó	秧苗	yāngmiáo
干预	gānyù	港湾	gǎngwān	建立	jiànlì	扬弃	yángqì
干燥	gānzào	康复	kāngfù	建设	jiànshè	羊羔	yánggāo
甘心	gānxīn	亢奋	kàngfèn	建议	jiànyì	阳历	yánglì
赶紧	gǎnjǐn	亢进	kàngjìn	建造	jiànzào	阳台	yángtái
敢于	gǎnyú	抗旱	kànghàn	建筑	jiànzhù	阳性	yángxìng
感到	gǎndào	抗衡	kànghéng	健康	jiànkāng	杨柳	yángliǔ
感动	gǎndòng	抗击	kàngjī	健壮	jiànzhuàng	杨梅	yángméi
感觉	gǎnjué	抗拒	kàngjù	鉴别	jiànbié	洋葱	yángcōng
感情	gǎnqíng	抗体	kàngtǐ	鉴定	jiàndìng	洋流	yángliú
感受	gǎnshòu	抗原	kàngyuán	千克	qiānkè	洋溢	yángyì
感谢	gǎnxiè	抗灾	kàngzāi	迁移	qiānyí	仰慕	yǎngmù
感性	gǎnxìng	抗争	kàngzhēng	铅笔	qiānbǐ	仰望	yǎngwàng
感应	gǎnyìng	行列	hángliè	签订	qiāndìng	养病	yǎngbìng

an（uan）	ang（uang）	ian	iang
感知 gǎnzhī	行业 hángyè	前方 qiánfāng	养护 yǎnghù
干部 gànbù	航空 hángkōng	前后 qiánhòu	养老 yǎnglǎo
刊登 kāndēng	航行 hángxíng	前人 qiánrén	养生 yǎngshēng
刊物 kānwù	长度 chángdù	前提 qiántí	养育 yǎngyù
看待 kàndài	长久 chángjiǔ	前途 qiántú	样板 yàngbǎn
看法 kànfǎ	长期 chángqī	前往 qiánwǎng	江湖 jiānghú
看望 kànwàng	常规 chángguī	前夕 qiánxī	江山 jiāngshān
含量 hánliàng	场地 chǎngdì	潜力 qiánlì	僵化 jiānghuà
含义 hányì	场合 chǎnghé	潜在 qiánzài	僵死 jiāngsǐ
函数 hánshù	伤口 shāngkǒu	先后 xiānhòu	僵硬 jiāngyìng
寒冷 hánlěng	伤心 shāngxīn	先进 xiānjìn	疆域 jiāngyù
罕见 hǎnjiàn	伤员 shāngyuán	掀起 xiānqǐ	讲解 jiǎngjiě
汉奸 hànjiān	商标 shāngbiāo	鲜花 xiānhuā	讲理 jiǎnglǐ
汉语 hànyǔ	商品 shāngpǐn	鲜明 xiānmíng	讲求 jiǎngqiú
汉字 hànzì	商店 shāngdiàn	显露 xiǎnlù	讲师 jiǎngshī
汗水 hànshuǐ	商业 shāngyè	显然 xiǎnrán	讲授 jiǎngshòu
展开 zhǎnkāi	上帝 shàngdì	显示 xiǎnshì	讲台 jiǎngtái
占据 zhànjù	上级 shàngjí	显著 xiǎnzhù	讲坛 jiǎngtán
战国 zhànguó	上课 shàngkè	县城 xiànchéng	讲学 jiǎngxué
战线 zhànxiàn	上空 shàngkōng	现场 xiànchǎng	讲义 jiǎngyì
山地 shāndì	上下 shàngxià	现存 xiàncún	讲座 jiǎngzuò
山峰 shānfēng	上学 shàngxué	现代 xiàndài	奖品 jiǎngpǐn
山谷 shāngǔ	上衣 shàngyī	现今 xiànjīn	奖券 jiǎngquàn
山路 shānlù	上游 shàngyóu	现金 xiànjīn	奖章 jiǎngzhāng
山区 shānqū		现实 xiànshí	奖状 jiǎngzhuàng
山头 shāntóu	王朝 wángcháo	现在 xiànzài	降价 jiàngjià
闪电 shǎndiàn	王国 wángguó	现状 xiànzhuàng	降临 jiànglín
	网络 wǎngluò	限度 xiàndù	降生 jiàngshēng

an (uan)		ang (uang)		ian		iang	
弯曲	wānqū	往来	wǎnglái	限于	xiànyú	降温	jiàngwēn
完备	wánbèi	忘记	wàngjì	限制	xiànzhì	将领	jiànglǐng
完毕	wánbì	旺盛	wàngshèng	线段	xiànduàn	将士	jiàngshì
完成	wánchéng	汪洋	wāngyáng	线路	xiànlù	酱油	jiàngyóu
完美	wánměi	亡灵	wánglíng	线索	xiànsuǒ	枪毙	qiāngbì
完全	wánquán	王府	wángfǔ	线条	xiàntiáo	枪弹	qiāngdàn
完善	wánshàn	王宫	wánggōng	宪法	xiànfǎ	枪杀	qiāngshā
完整	wánzhěng	王后	wánghòu	陷入	xiànrù	腔调	qiāngdiào
玩具	wánjù	王室	wángshì	陷于	xiànyú	强调	qiángdiào
玩笑	wánxiào	王位	wángwèi	羡慕	xiànmù	强渡	qiángdù
顽强	wánqiáng	王子	wángzǐ	献身	xiànshēn	强攻	qiánggōng
晚饭	wǎnfàn	网点	wǎngdiǎn	边界	biānjiè	强国	qiángguó
晚期	wǎnqī	网罗	wǎngluó	边境	biānjìng	强加	qiángjiā
万物	wànwù	网球	wǎngqiú	边区	biānqū	强劲	qiángjìng
万一	wànyī	往常	wǎngcháng	编辑	biānjí	强力	qiánglì
端正	duānzhèng	往返	wǎngfǎn	编写	biānxiě	强盛	qiángshèng
短期	duǎnqī	往复	wǎngfù	编制	biānzhì	强行	qiángxíng
短暂	duǎnzàn	往年	wǎngnián	变动	biàndòng	强硬	qiángyìng
锻炼	duànliàn	往日	wǎngrì	变法	biànfǎ	强占	qiángzhàn
湍流	tuānliú	往事	wǎngshì	变革	biàngé	强壮	qiángzhuàng
团结	tuánjié	往昔	wǎngxī	变更	biàngēng	墙根	qiánggēn
团员	tuányuán	妄图	wàngtú	变化	biànhuà	墙角	qiángjiǎo
关闭	guānbì	妄想	wàngxiǎng	变换	biànhuàn	墙头	qiángtóu
关怀	guānhuái	忘怀	wànghuái	变态	biàntài	抢夺	qiǎngduó
关键	guānjiàn	忘情	wàngqíng	变形	biànxíng	抢购	qiǎnggòu
关节	guānjié	忘却	wàngquè	变异	biànyì	抢劫	qiǎngjié
关联	guānlián	忘我	wàngwǒ	便利	biànlì	抢修	qiǎngxiū
关心	guānxīn	旺季	wàngjì	便于	biànyú	抢占	qiǎngzhàn

an（uan）		ang（uang）		ian		iang	
关于	guānyú	光彩	guāngcǎi	辨认	biànrèn	乡间	xiāngjiān
关注	guānzhù	光滑	guānghuá	辩护	biànhù	乡里	xiānglǐ
观测	guāncè	光辉	guānghuī	辩证	biànzhèng	乡亲	xiāngqīn
观察	guānchá	光景	guāngjǐng	面积	miànjī	乡音	xiāngyīn
观看	guānkàn	光芒	guāngmáng	面孔	miànkǒng	乡镇	xiāngzhèn
观念	guānniàn	光明	guāngmíng	面临	miànlín	相称	xiāngchèn
观众	guānzhòng	光谱	guāngpǔ	典型	diǎnxíng	相持	xiāngchí
官兵	guānbīng	光荣	guāngróng	点燃	diǎnrán	相处	xiāngchǔ
官吏	guānlì	光线	guāngxiàn	电报	diànbào	相传	xiāngchuán
官僚	guānliáo	光学	guāngxué	电场	diànchǎng	相仿	xiāngfǎng
官员	guānyuán	光源	guāngyuán	电池	diànchí	相逢	xiāngféng
管道	guǎndào	光泽	guāngzé	电磁	diàncí	相符	xiāngfú
管理	guǎnlǐ	光照	guāngzhào	电荷	diànhè	相干	xiānggān
管辖	guǎnxiá	广播	guǎngbō	电话	diànhuà	相隔	xiānggé
贯彻	guànchè	广场	guǎngchǎng	电离	diànlí	相距	xiāngjù
惯性	guànxìng	广大	guǎngdà	电力	diànlì	相识	xiāngshí
宽大	kuāndà	广泛	guǎngfàn	电流	diànliú	相思	xiāngsī
欢喜	huānxǐ	广义	guǎngyì	电路	diànlù	相宜	xiāngyí
环流	huánliú	况且	kuàngqiě	电脑	diànnǎo	相约	xiāngyuē
专家	zhuānjiā	矿产	kuàngchǎn	电能	diànnéng	香火	xiānghuǒ
专利	zhuānlì	矿物	kuàngwù	电器	diànqì	香料	xiāngliào
专题	zhuāntí	荒凉	huāngliáng	电容	diànróng	香炉	xiānglú
专业	zhuānyè	慌忙	huāngmáng	电视	diànshì	香水	xiāngshuǐ
转变	zhuǎnbiàn	皇室	huángshì	电台	diàntái	厢房	xiāngfáng
转化	zhuǎnhuà	黄连	huánglián	电压	diànyā	详尽	xiángjìn
转移	zhuǎnyí	黄豆	huángdòu	电影	diànyǐng	详情	xiángqíng
穿着	chuānzhuó	庄严	zhuāngyán	电子	diànzǐ	享福	xiǎngfú
传播	chuánbō	装备	zhuāngbèi	电阻	diànzǔ	享乐	xiǎnglè

an（uan）		ang（uang）		ian		iang	
传达	chuándá	装饰	zhuāngshì	淀粉	diànfěn	享用	xiǎngyòng
传导	chuándǎo	壮大	zhuàngdà	天才	tiāncái	响动	xiǎngdòng
传递	chuándì	状态	zhuàngtài	天地	tiāndì	想必	xiǎngbì
传授	chuánshòu	创伤	chuāngshāng	天鹅	tiān'é	想来	xiǎnglái
传说	chuánshuō	窗口	chuāngkǒu	天然	tiānrán	向导	xiàngdǎo
传统	chuántǒng	创办	chuàngbàn	天生	tiānshēng	相机	xiàngjī
船舶	chuánbó	创立	chuànglì	天文	tiānwén	相貌	xiàngmào
船长	chuánzhǎng	创新	chuàngxīn	天真	tiānzhēn	象棋	xiàngqí
船只	chuánzhī	创造	chuàngzào	田野	tiányě	象形	xiàngxíng
串联	chuànlián	创作	chuàngzuò				

6. en—eng

en		en		eng		eng	
根据	gēnjù	根源	gēnyuán	崩溃	bēngkuì	耕作	gēngzuò
根系	gēnxì	跟随	gēnsuí	更新	gēngxīn	更加	gèngjiā
肯定	kěndìng	痕迹	hénjì	耕地	gēngdì	衡量	héngliáng
针对	zhēnduì	阵地	zhèndì	恒星	héngxīng	横向	héngxiàng
侦查	zhēnchá	振荡	zhèndàng	争论	zhēnglùn	正好	zhènghǎo
珍贵	zhēnguì	震动	zhèndòng	蒸气	zhēngqì	证实	zhèngshí
真实	zhēnshí	震惊	zhènjīng	整个	zhěnggè	政党	zhèngdǎng
诊断	zhěnduàn	镇压	zhènyā	整理	zhěnglǐ	政权	zhèngquán
沉淀	chéndiàn	沉重	chénzhòng	整齐	zhěngqí	政委	zhèngwěi
沉积	chénjī	沉着	chénzhuó	整体	zhěngtǐ	正规	zhèngguī
沉默	chénmò	陈旧	chénjiù	称号	chēnghào	成为	chéngwéi
沉思	chénsī	陈述	chénshù	称赞	chēngzàn	成效	chéngxiào
申请	shēnqǐng	身心	shēnxīn	成功	chénggōng	成语	chéngyǔ
身边	shēnbiān	身影	shēnyǐng	成果	chéngguǒ	成员	chéngyuán
身材	shēncái	深度	shēndù	成就	chéngjiù	成长	chéngzhǎng
身后	shēnhòu	深厚	shēnhòu	成立	chénglì	呈现	chéngxiàn

en		en		eng		eng	
身躯	shēnqū	深化	shēnhuà	成年	chéngnián	承包	chéngbāo
身体	shēntǐ	神奇	shénqí	成熟	chéngshú	程度	chéngdù
深刻	shēnkè	神情	shénqíng	承担	chéngdān	程式	chéngshì
深情	shēnqíng	神态	shéntài	承受	chéngshòu	程序	chéngxù
深入	shēnrù	神学	shénxué	城市	chéngshì	惩罚	chéngfá
深夜	shēnyè	审查	shěnchá	乘客	chéngkè		
深远	shēnyuǎn	审美	shěnměi	生产	shēngchǎn	生育	shēngyù
神话	shénhuà	审判	shěnpàn	生存	shēngcún	生长	shēngzhǎng
神经	shénjīng	慎重	shènzhòng	生动	shēngdòng	生殖	shēngzhí
神秘	shénmì	人工	réngōng	生活	shēnghuó	声调	shēngdiào
人才	réncái	人间	rénjiān	生理	shēnglǐ	声明	shēngmíng
人格	réngé	人物	rénwù	生命	shēngmìng	声响	shēngxiǎng
人均	rénjūn	人心	rénxīn	生气	shēngqì	声音	shēngyīn
人口	rénkǒu	人性	rénxìng	生前	shēngqián	牲畜	shēngchù
人类	rénlèi	人员	rényuán	生态	shēngtài	圣经	shèngjīng
人力	rénlì	人造	rénzào	生物	shēngwù	胜利	shènglì
人民	rénmín	忍耐	rěnnài	仍旧	réngjiù		
人群	rénqún	忍受	rěnshòu	能动	néngdòng	能源	néngyuán
人士	rénshì	认定	rèndìng	能够	nénggòu		
人事	rénshì	认为	rènwéi	冷静	lěngjìng	冷水	lěngshuǐ
人体	réntǐ	任何	rènhé	冷却	lěngquè	冷笑	lěngxiào
人为	rénwéi	任意	rènyì	灯光	dēngguāng	等级	děngjí
任命	rènmìng	本体	běntǐ	登记	dēngjì	等于	děngyú
本地	běndì	本性	běnxìng	等候	děnghòu	蓬勃	péngbó
本来	běnlái	本质	běnzhì	萌发	méngfā	膨胀	péngzhàng
本领	běnlǐng	门口	ménkǒu	萌芽	méngyá	猛烈	měngliè
盆地	péndì						

7. in—ing

in		in		ing		ing	
因此	yīncǐ	音响	yīnxiǎng	应当	yīngdāng	营养	yíngyǎng
因而	yīn'ér	银行	yínháng	应该	yīnggāi	营业	yíngyè
因果	yīnguǒ	引导	yǐndǎo	英雄	yīngxióng	赢得	yíngdé
因素	yīnsù	引力	yǐnlì	英勇	yīngyǒng	影片	yǐngpiàn
因子	yīnzǐ	引起	yǐnqǐ	婴儿	yīng'ér	影响	yǐngxiǎng
阴谋	yīnmóu	引用	yǐnyòng	迎接	yíngjiē	应用	yìngyòng
阴阳	yīnyáng	饮食	yǐnshí	盈利	yínglì	经验	jīngyàn
音调	yīndiào	隐蔽	yǐnbì	经常	jīngcháng	惊奇	jīngqí
音节	yīnjié	印刷	yìnshuā	经费	jīngfèi	惊喜	jīngxǐ
印象	yìnxiàng	尽快	jǐnkuài	经过	jīngguò	惊讶	jīngyà
今后	jīnhòu	紧密	jǐnmì	经理	jīnglǐ	惊异	jīngyì
今年	jīnnián	紧张	jǐnzhāng	经历	jīnglì		
今日	jīnrì	谨慎	jǐnshèn	经受	jīngshòu	精力	jīnglì
今天	jīntiān	尽力	jìnlì	警察	jǐngchá	精密	jīngmì
金额	jīn'é	进步	jìnbù	警告	jǐnggào	精细	jīngxì
金牌	jīnpái	进程	jìnchéng	警惕	jǐngtì	精子	jīngzǐ
金融	jīnróng	进而	jìn'ér	径流	jìngliú	景色	jǐngsè
金属	jīnshǔ	进攻	jìngōng	净化	jìnghuà	景物	jǐngwù
尽管	jǐnguǎn	近代	jìndài	竞赛	jìngsài	景象	jǐngxiàng
进化	jìnhuà	近来	jìnlái	竞争	jìngzhēng	静止	jìngzhǐ
进口	jìnkǒu	近似	jìnsì	竟然	jìngrán	境地	jìngdì
进入	jìnrù	禁止	jìnzhǐ	静脉	jìngmài	镜头	jìngtóu
进展	jìnzhǎn	侵吞	qīntūn	青春	qīngchūn	清除	qīngchú
勤劳	qínláo	侵袭	qīnxí	青年	qīngnián	清洁	qīngjié
钦差	qīnchāi	亲爱	qīn'ài	青蛙	qīngwā	清理	qīnglǐ
钦佩	qīnpèi	亲笔	qīnbǐ	轻声	qīngshēng	清晰	qīngxī
侵害	qīnhài	亲口	qīnkǒu	轻视	qīngshì	情报	qíngbào
侵犯	qīnfàn	亲昵	qīnnì	轻松	qīngsōng	情操	qíngcāo

in		in		ing		ing	
侵略	qīnlüè	亲朋	qīnpéng	轻微	qīngwēi	情感	qínggǎn
侵入	qīnrù	亲身	qīnshēn	轻易	qīngyì	情节	qíngjié
侵蚀	qīnshí	亲生	qīnshēng	轻重	qīngzhòng	情况	qíngkuàng
侵占	qīnzhàn	亲手	qīnshǒu	倾向	qīngxiàng	请示	qǐngshì
亲密	qīnmì	亲王	qīnwáng	倾斜	qīngxié	庆祝	qìngzhù
亲热	qīnrè	亲吻	qīnwěn	清晨	qīngchén	星球	xīngqiú
亲人	qīnrén	亲缘	qīnyuán	兴奋	xīngfèn	星云	xīngyún
亲属	qīnshǔ	亲子	qīnzǐ	兴建	xīngjiàn	刑罚	xíngfá
亲眼	qīnyǎn	禽兽	qínshòu	兴起	xīngqǐ	刑法	xíngfǎ
亲友	qīnyǒu	勤奋	qínfèn	星际	xīngjì	刑事	xíngshì
亲自	qīnzì	新人	xīnrén	星期	xīngqī	行动	xíngdòng
寝室	qǐnshì	新式	xīnshì	行军	xíngjūn	形态	xíngtài
心底	xīndǐ	新闻	xīnwén	行人	xíngrén	形体	xíngtǐ
心理	xīnlǐ	信贷	xìndài	行驶	xíngshǐ	形状	xíngzhuàng
心事	xīnshì	信号	xìnhào	行使	xíngshǐ	兴趣	xìngqù
心头	xīntóu	信念	xìnniàn	行为	xíngwéi	幸福	xìngfú
心脏	xīnzàng	信任	xìnrèn	行政	xíngzhèng	性别	xìngbié
辛苦	xīnkǔ	信徒	xìntú	行走	xíngzǒu	性格	xìnggé
欣赏	xīnshǎng	信仰	xìnyǎng	形成	xíngchéng	性能	xìngnéng
新娘	xīnniáng	信用	xìnyòng	形容	xíngróng	性质	xìngzhì
新奇	xīnqí	贫乏	pínfá	形式	xíngshì	性状	xìngzhuàng
贫困	pínkùn	贫寒	pínhán	形势	xíngshì	病毒	bìngdú
贫穷	pínqióng	贫瘠	pínjí	冰川	bīngchuān	病理	bìnglǐ
频繁	pínfán	贫苦	pínkǔ	兵力	bīnglì	病人	bìngrén
频率	pínlǜ	贫血	pínxuè	并且	bìngqiě	平面	píngmiàn
品德	pǐndé	频道	píndào	并用	bìngyòng	平日	píngrì
品质	pǐnzhì	品尝	pǐncháng	平常	píngcháng	平时	píngshí
品种	pǐnzhǒng	品格	pǐngé	平等	píngděng	平坦	píngtǎn

in		in		ing		ing	
拼搏	pīnbó	品位	pǐnwèi	平凡	píngfán	平原	píngyuán
拼凑	pīncòu	品味	pǐnwèi	平分	píngfēn	评价	píngjià
拼死	pīnsǐ	民主	mínzhǔ	平衡	pínghéng	凭借	píngjiè
民歌	míngē	民族	mínzú	平均	píngjūn	屏幕	píngmù
民国	mínguó	敏感	mǐngǎn	评论	pínglùn	明确	míngquè
民间	mínjiān	敏捷	mǐnjié	评选	píngxuǎn	明天	míngtiān
民事	mínshì	敏锐	mǐnruì	苹果	píngguǒ	明显	míngxiǎn
民俗	mínsú	临时	línshí	名称	míngchēng	命题	mìngtí
民众	mínzhòng	淋巴	línbā	名词	míngcí	命运	mìngyùn
临床	línchuáng	吝啬	lìnsè	名义	míngyì	领土	lǐngtǔ
林木	línmù	临近	línjìn	明亮	míngliàng	领袖	lǐngxiù
邻里	línlǐ	临摹	línmó	明年	míngnián	领域	lǐngyù
邻舍	línshè	临终	línzhōng	灵感	línggǎn	另外	lìngwài
林带	líndài	淋漓	línlí	灵魂	línghún	凝聚	níngjù
林地	líndì	嶙峋	línxún	灵活	línghuó	凝视	níngshì
林立	línlì	磷肥	línféi	零件	língjiàn	停留	tíngliú
临别	línbié	鳞片	línpiàn	凝结	níngjié	定额	dìng’é
临界	línjiè			订货	dìnghuò		

8. ün—üan—iong

ün		üan		iong	
允许	yǔnxǔ	元素	yuánsù	拥护	yōnghù
运动	yùndòng	原来	yuánlái	拥挤	yōngjǐ
运输	yùnshū	原料	yuánliào	拥有	yōngyǒu
运算	yùnsuàn	原因	yuányīn	永恒	yǒnghéng
运行	yùnxíng	原则	yuánzé	永久	yǒngjiǔ
蕴藏	yùncáng	圆心	yuánxīn	勇气	yǒngqì
军官	jūnguān	缘故	yuángù	勇于	yǒngyú
军民	jūnmín	远方	yuǎnfāng	涌现	yǒngxiàn

ün		üan		iong	
军区	jūnqū	愿望	yuànwàng	用户	yònghù
军人	jūnrén	捐款	juānkuǎn	用力	yònglì
军事	jūnshì	捐税	juānshuì	用品	yòngpǐn
均衡	jūnhéng	捐赠	juānzèng	用途	yòngtú
君主	jūnzhǔ	权利	quánlì	窘迫	jiǒngpò
群落	qúnluò	权威	quánwēi	穷人	qióngrén
群体	qúntǐ	权益	quányì	穷尽	qióngjìn
群众	qúnzhòng	全民	quánmín	穷苦	qióngkǔ
群岛	qúndǎo	全身	quánshēn	穷困	qióngkùn
群居	qúnjū	全体	quántǐ	雄伟	xióngwěi
寻求	xúnqiú	宣传	xuānchuán	凶残	xiōngcán
循环	xúnhuán	宣告	xuāngào	凶恶	xiōng'è
训练	xùnliàn	宣言	xuānyán	凶犯	xiōngfàn
迅速	xùnsù	宣扬	xuānyáng	凶狠	xiōnghěn
寻常	xúncháng	旋律	xuánlǜ	凶手	xiōngshǒu
寻根	xúngēn	旋转	xuánzhuǎn	胸骨	xiōnggǔ
寻觅	xúnmì	选拔	xuǎnbá	胸怀	xiōnghuái
巡回	xúnhuí	选手	xuǎnshǒu	胸襟	xiōngjīn
巡警	xúnjǐng	选择	xuǎnzé	胸口	xiōngkǒu
巡视	xúnshì	宣称	xuānchēng	胸腔	xiōngqiāng
训斥	xùnchì	宣誓	xuānshì	雄辩	xióngbiàn
训话	xùnhuà	宣泄	xuānxiè	雄厚	xiónghòu
讯号	xùnhào	宣战	xuānzhàn	雄浑	xiónghún
汛期	xùnqī	喧闹	xuānnào	雄蕊	xióngruǐ
迅猛	xùnměng	喧嚷	xuānrǎng	雄心	xióngxīn
驯服	xùnfú	喧嚣	xuānxiāo	雄性	xióngxìng
驯鹿	xùnlù	悬浮	xuánfú	雄壮	xióngzhuàng
驯养	xùnyǎng	悬空	xuánkōng	雄姿	xióngzī
逊色	xùnsè	悬念	xuánniàn	熊猫	xióngmāo

三、音变

（一）变调

1. “一”

（1）“一”在阴平、阳平、上声前读作去声（如：“一早”读作“yìzǎo”）

一般	yībān	一边	yībiān	一端	yīduān	一心	yīxīn
一连	yīlián	一旁	yīpáng	一齐	yīqí	一时	yīshí
一同	yītóng	一直	yīzhí	一起	yīqǐ	一体	yītǐ
一早	yīzǎo	一瞥	yīpiē	一流	yīliú	一举	yījǔ

（2）“一”在去声前读作阳平（如“一再”读作“yízài”）

一带	yīdài	一旦	yīdàn	一定	yīdìng	一度	yīdù
一共	yīgòng	一贯	yīguàn	一律	yīlǜ	一面	yīmiàn
一切	yīqiè	一线	yīxiàn	一向	yīxiàng	一再	yīzài
一致	yīzhì	一气	yīqì	一瞬	yīshùn	一概	yīgài

2. “不”

（1）“不”在阴平、阳平、上声前读作去声（如：“不足”读作“bùzú”）

不安	bù’ān	不堪	bùkān	不曾	bùcéng	不妨	bùfáng
不行	bùxíng	不凡	bùfán	不乏	bùfá	不忍	bùrěn
不止	bùzhǐ	不祥	bùxiáng	不符	bùfú	不宜	bùyí
不屈	bùqū	不免	bùmiǎn	不朽	bùxiǔ	不依	bùyī

（2）“不”在去声前读作阳平（如“不便”读作“búbiàn”）

不必	bùbì	不断	bùduàn	不力	bùlì	不适	bùshì
不便	bùbiàn	不对	bùduì	不料	bùliào	不孝	bùxiào
不啻	bùchì	不够	bùgòu	不论	bùlùn	不屑	bùxiè
不顾	bùgù	不错	bùcuò	不妙	bùmiào	不懈	bùxiè

3. 上声

（1）上上相连时，前一个上声读作阳平，调值由 214 变 35

懒散	lǎnsǎn	软骨	ruǎngǔ	打扰	dǎrǎo	渺小	miǎoxiǎo
左手	zuǒshǒu	卤水	lǔshuǐ	稳妥	wěntuǒ	以往	yǐwǎng

瓦解 wǎjiě	委婉 wěiwǎn	脑髓 nǎosuǐ	处女 chǔnǚ
腿脚 tuǐjiǎo	尽早 jǐnzǎo	给予 jǐyǔ	堡垒 bǎolěi

（2）上声＋非上声时，上声读作半上，即调值由 214 变为 211

瓦斯 wǎsī	午餐 wǔcān	伪装 wěizhuāng	理应 lǐyīng
假说 jiǎshuō	柏油 bǎiyóu	采掘 cǎijué	奖惩 jiǎngchéng
沼泽 zhǎozé	曲牌 qǔpái	板栗 bǎnlì	阐释 chǎnshì
俯瞰 fǔkàn	彩塑 cǎisù	宠爱 chǒng'ài	揣测 chuǎicè

4．“啊”

（1）在 a、o（ao、iao 除外）、e、i、ü、ê 后的“啊”读作“ia”

作品 3 号	原来是天上的啊！
作品 5 号	好大的雪啊！
作品 9 号	再从家乡放到祖国最需要的地方去啊！
作品 39 号	应该奖励你啊！/而是自己的同学啊！

（2）在 u（包括 ao、iao）后的“啊”读作“ua”

作品 18 号	家乡的桥啊，我梦中的桥！
作品 27 号	狗该是多么庞大的怪物啊！
作品 40 号	这都是千金难买的幸福啊！

（3）在前鼻韵母后的“啊”读作“na”

作品 25 号	这才这般的鲜润啊。

（4）在后鼻韵母后的“啊”读作“nga”

作品 16 号	火光啊……
作品 22 号	唱啊唱，嘤嘤有韵，宛如春水淙淙。
作品 25 号	但这是怎样一个妄想啊。

（5）在 zi、ci、si 后的“啊”读作“za”

（6）在 zhi、chi、shi、ri 后的“啊”读作“ra”

作品 22、27 号	是啊。

（二）轻声

1．轻声词

（1）带“子”尾词

班子 bānzi	头子 tóuzi	老子 lǎozi	主子 zhǔzi

汉子	hànzi	尖子	jiānzi	小子	xiǎozi	孩子	háizi
儿子	érzi	侄子	zhízi	孙子	sūnzi	胖子	pàngzi
嫂子	sǎozi	婶子	shěnzi	贩子	fànzi	疯子	fēngzi
鬼子	guǐzi	聋子	lóngzi	麻子	mázi	痞子	pǐzi
骗子	piànzi	傻子	shǎzi	瞎子	xiāzi		
个子	gèzi	身子	shēnzi	影子	yǐngzi	性子	xìngzi
胆子	dǎnzi	脑子	nǎozi	脖子	bózi	膀子	bǎngzi
鼻子	bízi	辫子	biànzi	茧子	jiǎnzi	嗓子	sǎngzi
肠子	chángzi	骡子	luózi	蹄子	tízi	爪子	zhuǎzi
狮子	shīzi	豹子	bàozi	猴子	hóuzi	狍子	páozi
虫子	chóngzi	蛾子	ézi	虱子	shīzi	蚊子	wénzi
鸽子	gēzi	燕子	yànzi	兔子	tùzi	鸭子	yāzi
包子	bāozi	饼子	bǐngzi	饺子	jiǎozi	粽子	zòngzi
豆子	dòuzi	果子	guǒzi	橘子	júzi	椰子	yēzi
稻子	dàozi	谷子	gǔzi	麦子	màizi	种子	zhǒngzi
茄子	qiézi	柿子	shìzi	桃子	táozi	柚子	yòuzi
栗子	lìzi	叶子	yèzi	竹子	zhúzi		
被子	bèizi	褥子	rùzi	毯子	tǎnzi	帐子	zhàngzi
绸子	chóuzi	缎子	duànzi	皮子	pízi	料子	liàozi
裤子	kùzi	裙子	qúnzi	袜子	wàzi	靴子	xuēzi
帽子	màozi	褂子	guàzi	领子	lǐngzi	袖子	xiùzi
翎子	língzi	袋子	dàizi	扣子	kòuzi		
杯子	bēizi	盖子	gàizi	瓶子	píngzi	塞子	sāizi
筷子	kuàizi	勺子	sháozi	盘子	pánzi	盆子	pénzi
罐子	guànzi	坛子	tánzi	炉子	lúzi	锅子	guōzi
刀子	dāozi	剪子	jiǎnzi	镊子	nièzi	钳子	qiánzi
锤子	chuízi	斧子	fǔzi	锥子	zhuīzi	钉子	dīngzi
绳子	shéngzi	带子	dàizi	毽子	jiànzi	鞭子	biānzi
杠子	gàngzi	弓子	gōngzi	棍子	gùnzi	板子	bǎnzi

夹子 jiāzi	钩子 gōuzi	梆子 bāngzi	
桌子 zhuōzi	椅子 yǐzi	凳子 dèngzi	架子 jiàzi
镜子 jìngzi	梳子 shūzi	扇子 shànzi	席子 xízi
盒子 hézi	匣子 xiázi	柜子 guìzi	箱子 xiāngzi
担子 dànzi	挑子 tiāozi	篮子 lánzi	笼子 lóngzi
旗子 qízi	哨子 shàozi	圈子 quānzi	幌子 huǎngzi
车子 chēzi	轮子 lúnzi	轿子 jiàozi	梯子 tīzi
房子 fángzi	屋子 wūzi	院子 yuànzi	宅子 zháizi
寨子 zhàizi	镇子 zhènzi	庄子 zhuāngzi	村子 cūnzi
厂子 chǎngzi	场子 chǎngzi	棚子 péngzi	亭子 tíngzi
柱子 zhùzi	窗子 chuāngzi	帘子 liánzi	
台子 táizi	摊子 tānzi	位子 wèizi	样子 yàngzi
单子 dānzi	条子 tiáozi	票子 piàozi	路子 lùzi
稿子 gǎozi	卷子 juànzi	尺子 chǐzi	格子 gézi
曲子 qǔzi	调子 diàozi	笛子 dízi	牌子 páizi
案子 ànzi	例子 lìzi	底子 dǐzi	根子 gēnzi
金子 jīnzi	银子 yínzi	珠子 zhūzi	沙子 shāzi
本子 běnzi	句子 jùzi	片子 piānzi	框子 kuàngzi
面子 miànzi	拍子 pāizi	步子 bùzi	
林子 línzi	池子 chízi		

（2）不带“子”尾词

爸爸 bàba	妈妈 māma	爷爷 yéye	奶奶 nǎinai
哥哥 gēge	姐姐 jiějie	弟弟 dìdi	妹妹 mèimei
叔叔 shūshu	姑姑 gūgu	太太 tàitai	娃娃 wáwa
公公 gōnggong	婆婆 pópo	猩猩 xīngxing	谢谢 xièxie
丈夫 zhàngfu	老婆 lǎopo	媳妇 xífu	女婿 nǚxu
姑娘 gūniang	闺女 guīnü	兄弟 xiōngdi	弟兄 dìxiong
亲戚 qīnqi	朋友 péngyou	伙计 huǒji	帮手 bāngshou
先生 xiānsheng	学生 xuésheng	师父 shīfu	师傅 shīfu

祖宗	zǔzong	皇上	huángshang	状元	zhuàngyuan	秀才	xiùcai
和尚	héshang	道士	dàoshi	喇嘛	lǎma	妖精	yāojing
裁缝	cáifeng	护士	hùshi	寡妇	guǎfu		
财主	cáizhu	奴才	núcai	特务	tèwu		
脑袋	nǎodai	头发	tóufa	眼睛	yǎnjing	眉毛	méimao
耳朵	ěrduo	胳膊	gēbo	巴掌	bāzhang	指甲	zhǐ (zhī) jia
脊梁	jǐliang	屁股	pìgu				
牲口	shēngkou	畜生	chùsheng	苍蝇	cāngying	跳蚤	tiàozao
狐狸	húli	骆驼	luòtuo	刺猬	cìwei	蛤蟆	háma
豆腐	dòufu	甘蔗	gānzhe	高粱	gāoliang	核桃	hétao
烧饼	shāobing	月饼	yuèbing	芝麻	zhīma	蘑菇	mógu
粮食	liángshi	点心	diǎnxin	石榴	shíliu	萝卜	luóbo
棒槌	bàngchui	包袱	bāofu	扁担	biǎndan	簸箕	bòji
补丁	bǔding	部分	bùfen	柴火	cháihuo	队伍	duìwu
窗户	chuānghu	灯笼	dēnglong	动静	dòngjing	风筝	fēngzheng
膏药	gāoyao	疙瘩	gēda	怪物	guàiwu	关系	guānxi
规矩	guīju	合同	hétong	胡琴	húqin	记性	jìxing
家伙	jiāhuo	架势	jiàshi	嫁妆	jiàzhuang	戒指	jièzhi
口袋	kǒudai	窟窿	kūlong	困难	kùnnan	喇叭	lǎba
累赘	léizhui	篱笆	líba	麻烦	máfan	买卖	mǎimai
名堂	míngtang	名字	míngzi	能耐	néngnai	牌楼	páilou
铺盖	pūgai	扫帚	sàozhou	收成	shōucheng	首饰	shǒushi
岁数	suìshu	唾沫	tuòmo	位置	wèizhi	乡下	xiāngxia
笑话	xiàohua	行李	xíngli	学问	xuéwen	相声	xiàngsheng
胭脂	yānzhi	烟筒	yāntong	秧歌	yāngge	衙门	yámen
钥匙	yàoshi	衣裳	yīshang	云彩	yúncai	栅栏	zhàlan
帐篷	zhàngpeng	招牌	zhāopai	主意	zhǔyi	庄稼	zhuāngjia
包涵	bāohan	拨弄	bōnong	打扮	dǎban	答应	dāying
耷拉	dāla	打听	dǎting	打点	dǎdian	动弹	dòngtan

耽搁 dānge	耽误 dānwu	提防 dīfang	打发 dǎfa
嘟囔 dūnang	对付 duìfu	告诉 gàosu	将就 jiāngjiu
咳嗽 késou	连累 liánlei	溜达 liūda	眯缝 mīfeng
明白 míngbai	难为 nánwei	念叨 niàndao	欺负 qīfu
拾掇 shíduo	收拾 shōushi	疏忽 shūhu	算计 suànji
挑剔 tiāoti	挖苦 wāku	委屈 wěiqu	喜欢 xǐhuan
吓唬 xiàhu	吆喝 yāohe	应酬 yìngchou	冤枉 yuānwang
张罗 zhāngluo	折腾 zhēteng	转悠 zhuànyou	
白净 báijing	别扭 bièniu	凑合 còuhe	红火 hónghuo
糊涂 hútu	活泼 huópo	机灵 jīling	利落 lìluo
利索 lìsuo	麻利 máli	马虎 mǎhu	冒失 màoshi
苗条 miáotiao	暖和 nuǎnhuo	便宜 piányi	清楚 qīngchu
热闹 rènao	舒坦 shūtan	稀罕 xīhan	

巴	嘴巴 zuǐba	哑巴 yǎba	下巴 xiàba	眨巴 zhǎba
	尾巴 wěiba			
当	行当 hángdang	稳当 wěndang	妥当 tuǒdang	
道	厚道 hòudao	门道 méndao		
方	比方 bǐfang	大方 dàfang		
坊	街坊 jiēfang	作坊 zuōfang		
夫	大夫 dàifu	功夫 gōngfu	工夫 gōngfu	姐夫 jiěfu
服	舒服 shūfu	衣服 yīfu		
号	记号 jìhao	字号 zìhao		
候	火候 huǒhou	时候 shíhou		
乎	在乎 zàihu	不在乎 bùzàihu		
呼	称呼 chēnghu	招呼 zhāohu		
糊	含糊 hánhu	迷糊 míhu	模糊 móhu	
唤	叫唤 jiàohuan	使唤 shǐhuan		
活	快活 kuàihuo	忙活 mánghuo	养活 yǎnghuo	

疾	痢疾	lìji	疟疾	nüèji				
家	东家	dōngjia	娘家	niángjia	婆家	pójia	亲家	qìngjia
匠	铁匠	tiějiang	木匠	mùjiang	石匠	shíjiang		
快	凉快	liángkuai	勤快	qínkuai	爽快	shuǎngkuai		
量	打量	dǎliang	商量	shāngliang	思量	sīliang		
亮	漂亮	piàoliang	月亮	yuèliang				
了	除了	chúle	为了	wèile				
么	这么	zhème	那么	nàme	什么	shénme	怎么	zěnme
	多么	duōme						
们	我们	wǒmen	你们	nǐmen	他们	tāmen	她们	tāmen
	它们	tāmen	人们	rénmen	咱们	zánmen		
气	福气	fúqi	客气	kèqi	阔气	kuòqi	运气	yùnqi
	力气	lìqi	脾气	píqi	小气	xiǎoqi	秀气	xiùqi
情	交情	jiāoqing	事情	shìqing				
人	爱人	àiren	媒人	méiren	丈人	zhàngren		
上	早上	zǎoshang	晚上	wǎnshang				
实	结实	jiēshi	老实	lǎoshi	扎实	zhāshi	壮实	zhuàngshi
识	见识	jiànshi	认识	rènshi	知识	zhīshi		
事	差事	chāishi	干事	gànshi	故事	gùshi		
思	心思	xīnsi	意思	yìsi				
司	官司	guānsi	上司	shàngsi				
算	打算	dǎsuan	盘算	pánsuan				
头	锄头	chútou	对头	duìtou	跟头	gēntou	骨头	gǔtou
	罐头	guàntou	浪头	làngtou	码头	mǎtou	馒头	mántou
	苗头	miáotou	木头	mùtou	念头	niàntou	拳头	quántou
	石头	shítou	枕头	zhěntou	指头	zhǐtou	舌头	shétou
	前头	qiántou	后头	hòutou	上头	shàngtou	里头	lǐtou
	丫头	yātou						
息	消息	xiāoxi	休息	xiūxi				

爷	大爷	dàye	老爷	lǎoye	少爷	shàoye		
在	实在	shízai	自在	zìzai				

（2）轻读词

边	东边	dōng・biān	南边	nán・biān	北边	běi・biān		
	前边	qián・biān	后边	hòu・biān	左边	zuǒ・biān	右边	yòu・biān
	上边	shàng・biān	下边	xià・biān	里边	lǐ・biān	外边	wài・biān
处	长处	cháng・chù	短处	duǎn・chù	益处	yì・chù	害处	hài・chù
	用处	yòng・chù	难处	nán・chù	好处	hǎo・chù	去处	qù・chù
	住处	zhù・chù						
寸	尺寸	chǐ・cùn	分寸	fēn・cùn				
道	味道	wèi・dào	知道	zhī・dào	打交道	dǎjiāo・dào		
得	懂得	dǒng・dé	记得	jì・dé	觉得	jué・dé	使得	shǐ・dé
	显得	xiǎn・dé	晓得	xiǎo・dé	值得	zhí・dé	免得	miǎn・dé
	不见得	bùjiàn・dé	了不得	liǎo・bù・dé	舍不得	shě・bù・dé		
法	说法	shuō・fǎ	想法	xiǎng・fǎ				
复	报复	bào・fù	答复	dá・fù				
瓜	黄瓜	huáng・guā	南瓜	nán・guā	西瓜	xī・guā		
激	刺激	cì・jī	感激	gǎn・jī				
记	书记	shū・jì	惦记	diàn・jì				
家	公家	gōng・jiā	行家	háng・jiā	老人家	lǎo・rén・jiā		
见	遇见	yù・jiàn	碰见	pèng・jiàn	看见	kàn・jiàn	瞧见	qiáo・jiàn
	听见	tīng・jiàn	意见	yì・jiàn				
究	讲究	jiǎng・jiū	考究	kǎo・jiū				
来	上来	shàng・lái	下来	xià・lái	进来	jìn・lái	出来	chū・lái
	过来	guò・lái	回来	huí・lái	起来	qǐ・lái		
里	这里	zhè・lǐ	那里	nà・lǐ	哪里	nǎ・lǐ	心里	xīn・lǐ
	夜里	yè・lǐ						
璃	玻璃	bō・lí	琉璃	liú・lí				
力	势力	shì・lì	魄力	pò・lì				

量	分量	fèn · liàng	力量	lì · liàng				
面	前面	qián · miàn	后面	hòu · miàn	左面	zuǒ · miàn	右面	yòu · miàn
	上面	shàng · miàn	下面	xià · miàn	里面	lǐ · miàn	外面	wài · miàn
	南面	nán · miàn	门面	mén · miàn	体面	tǐ · miàn		
弄	摆弄	bǎi · nòng	卖弄	mài · nòng				
气	神气	shén · qì	和气	hé · qì	晦气	huì · qì	火气	huǒ · qì
	义气	yì · qì	志气	zhì · qì				
钱	本钱	běn · qián	工钱	gōng · qián	价钱	jià · qián		
去	上去	shàng · qù	下去	xià · qù	进去	jìn · qù	出去	chū · qù
	回去	huí · qù	过去	guò · qù				
人	别人	bié · rén	夫人	fū · rén	主人	zhǔ · rén	客人	kè · rén
	工人	gōng · rén	证人	zhèng · rén	机器人	jīqì · rén		
事	理事	lǐ · shì	亲事	qīn · shì				
手	把手	bǎ · shǒu	扶手	fú · shǒu				
水	露水	lù · shuǐ	薪水	xīn · shuǐ	风水	fēng · shuǐ		
头	斧头	fǔ · tóu	苦头	kǔ · tóu	势头	shì · tóu		
下	底下	dǐ · xià	地下	dì · xià				
应	报应	bào · yìng	照应	zhào · yìng				

父亲	fù · qīn	母亲	mǔ · qīn	妻子	qī · zǐ	小姐	xiǎo · jiě
会计	kuài · jì	邻居	lín · jū	侄女	zhí · nǚ	孙女	sūn · nǚ
徒弟	tú · dì	太监	tài · jiàn	神仙	shén · xiān	妖怪	yāo · guài
月季	yuè · jì	牡丹	mǔ · dān	玫瑰	méi · guī	棉花	mián · huā
凤凰	fèng · huáng	鸳鸯	yuān · yāng	老鼠	lǎo · shǔ	泥鳅	ní · qiū
喜鹊	xǐ · què	樱桃	yīng · táo	葡萄	pú · táo	葡萄糖	pú · táotáng
葡萄酒	pú · táojiǔ	喉咙	hóu · lóng	鼻涕	bí · tì	喷嚏	pēn · tì
白天	bái · tiān	报酬	bào · chóu	成分	chéng · fèn	错误	cuò · wù
道理	dào · lǐ	费用	fèi · yòng	跟前	gēn · qián	机会	jī · huì
机器	jī · qì	家具	jiā · jù	逻辑	luó · jí	毛病	máo · bìng

菩萨	pú・sà	气氛	qì・fēn	情形	qíng・xíng	情绪	qíng・xù
任务	rèn・wù	身份	shēn・fèn	太阳	tài・yáng	态度	tài・dù
烟囱	yān・cōng	意识	yì・shí	早晨	zǎo・chén	资格	zī・gé
残疾	cán・jí	抽屉	chōu・tì	当铺	dàng・pù	底细	dǐ・xì
干粮	gān・liáng	告示	gào・shì	格式	gé・shì	功劳	gōng・láo
勾当	gòu・dàng	荷包	hé・bāo	伙食	huǒ・shí	祸害	huò・hài
忌讳	jì・huì	缰绳	jiāng・shéng	近视	jìn・shì	牢骚	láo・sāo
眉目	méi・mù	排场	pái・chǎng	牌坊	pái・fāng	琵琶	pí・pá
篇幅	piān・fú	破绽	pò・zhàn	生日	shēng・rì	尸首	shī・shǒu
手巾	shǒu・jīn	算盘	suàn・pán	围裙	wéi・qún	渣滓	zhā・zǐ
阵势	zhèn・shì	坐位	zuò・wèi	花费	huā・fèi	活动	huó・dòng
没有	méi・yǒu	摸索	mō・suǒ	佩服	pèi・fú	熟悉	shú・xī
应付	yìng・fù	愿意	yuàn・yì	照顾	zhào・gù	折磨	zhé・mó
嘱咐	zhǔ・fù	摆设	bǎi・shè	摆布	bǎi・bù	褒贬	bāo・biǎn
抱怨	bào・yuàn	搭讪	dā・shàn	得罪	dé・zuì	点缀	diǎn・zhuì
翻腾	fān・téng	服侍	fú・shì	恭维	gōng・wéi	拉拢	lā・lǒng
埋伏	mái・fú	挪动	nuó・dòng	撇开	piē・kāi	敲打	qiāo・dǎ
提拔	tí・bá	体谅	tǐ・liàng	替换	tì・huàn	通融	tōng・róng
修行	xiū・xíng	糟蹋	zāo・tà	诚实	chéng・shí	聪明	cōng・míng
干净	gān・jìng	公平	gōng・píng	固执	gù・zhí	容易	róng・yì
痛快	tòng・kuài	小心	xiǎo・xīn	新鲜	xīn・xiān	摇摆	yáo・bǎi
别致	bié・zhì	滑稽	huá・jī	荒唐	huāng・táng	恍惚	huǎng・hū
宽敞	kuān・chǎng	魁梧	kuí・wú	冷清	lěng・qīng	伶俐	líng・lìn
泼辣	pō・là	俏皮	qiào・pí	轻巧	qīng・qiǎo	洒脱	sǎ・tuō
透亮	tòu・liàng	匀称	yún・chèn	周到	zhōu・dào	多少	duō・shǎo
反正	fǎn・zhèng	已经	yǐ・jīng	因为	yīn・wèi	差不多	chà・bùduō
大不了	dà・bùliǎo	来不及	lái・bùjí	冷不防	lěng・bùfáng	禁不住	jīn・bùzhù
靠不住	kào・bùzhù	对不起	duì・bùqǐ	看不起	kàn・bùqǐ	了不起	liǎo・bùqǐ
吃不消	chī・bùxiāo						

（三）儿化

1. ɑ、o、e、u儿化时直接在韵母后卷舌

（1）ɑ—ɑr

刀把儿 dāobàr　号码儿 hàomǎr　戏法儿 xìfǎr　在哪儿 zàinǎr

找茬儿 zhǎochár　打杂儿 dǎzár　板擦儿 bǎncār　那儿 nàr

iɑ—iɑr

掉价儿 diàojiàr　一下儿 yīxiàr　豆芽儿 dòuyár

uɑ—uɑr

脑瓜儿 nǎoguār　大褂儿 dàguàr　麻花儿 máhuār　笑话儿 xiàohuar

牙刷儿 yáshuār

（2）o—or

耳膜儿 ěrmór　粉末儿 fěnmòr

uo—uor

火锅儿 huǒguōr　做活儿 zuòhuór　大伙儿 dàhuǒr　邮戳儿 yóuchuōr

小说儿 xiǎoshuōr　被窝儿 bèiwōr

（3）e—er

模特儿 mótèr　逗乐儿 dòulèr　唱歌儿 chànggēr　挨个儿 āigèr

打嗝儿 dǎgér　饭盒儿 fànhér　在这儿 zàizhèr

ie—ier

半截儿 bànjiér　小鞋儿 xiǎoxiér

üe—üer

旦角儿 dànjuér　主角儿 zhǔjuér

（4）u—ur

碎步儿 suìbùr　没谱儿 méipǔr　儿媳妇儿 érxífur　梨核儿 líhúr

泪珠儿 lèizhūr　有数儿 yǒushùr

ɑo—ɑor

红包儿 hóngbāor　灯泡儿 dēngpàor　半道儿 bàndàor　手套儿 shǒutàor

跳高儿 tiàogāor　叫好儿 jiàohǎor　口罩儿 kǒuzhàor　绝招儿 juézhāor

口哨儿 kǒushàor　蜜枣儿 mìzǎor

ou—our

衣兜儿 yīdōur　老头儿 lǎotóur　年头儿 niántóur　小偷儿 xiǎotōur

门口儿 ménkǒur　纽扣儿 niǔkòur　线轴儿 xiànzhóur　小丑儿 xiǎochǒur

加油儿 jiāyóur

iao—iaor

鱼漂儿 yúpiāor　火苗儿 huǒmiáor　跑调儿 pǎodiàor　面条儿 miàntiáor

豆角儿 dòujiǎor　开窍儿 kāiqiàor

iou—iour

顶牛儿 dǐngniúr　抓阄儿 zhuājiūr　棉球儿 miánqiúr

2. ai、ei、uai、uei（ui），儿化时去掉韵尾 i 直接在主要元音后卷舌

ai—ar

名牌儿 míngpáir　鞋带儿 xiédàir　壶盖儿 húgàir　小孩儿 xiǎoháir

加塞儿 jiāsāir

ei—er

刀背儿 dāobèir　摸黑儿 mōhēir

uai—uar

一块儿 yīkuàir

uei—uer

跑腿儿 pǎotuǐr　一会儿 yīhuìr　耳垂儿 ěrchuír　墨水儿 mòshuǐr

围嘴儿 wéizuǐr　走味儿 zǒuwèir

3. 前鼻韵尾，儿化时去掉辅音韵尾，在元音后卷舌（注意：ian、üan 的音变）

（1）an—ar

快板儿 kuàibǎnr　老伴儿 lǎobànr　蒜瓣儿 suànbànr　脸盘儿 liǎnpánr

脸蛋儿 liǎndànr　收摊儿 shōutānr　栅栏儿 zhàlanr　包干儿 bāogānr

笔杆儿 bǐgǎnr　门槛儿 ménkǎnr

ian—iar

小辫儿 xiǎobiànr　照片儿 zhàopiānr　扇面儿 shànmiànr　差点儿 chàdiǎnr

一点儿 yīdiǎnr　雨点儿 yǔdiǎnr　聊天儿 liáotiānr　拉链儿 lāliànr

冒尖儿 màojiānr　坎肩儿 kǎnjiānr　牙签儿 yáqiānr　露馅儿 lòuxiànr

心眼儿 xīnyǎnr

uan—uar

茶馆儿	cháguǎnr	饭馆儿	fànguǎnr	火罐儿	huǒguànr	落款儿	luòkuǎnr
打转儿	dǎzhuànr	拐弯儿	guǎiwānr	好玩儿	hǎowánr	大腕儿	dàwànr

üan—üar

烟卷儿	yānjuǎnr	手绢儿	shǒujuànr	出圈儿	chūquānr	包圆儿	bāoyuánr
人缘儿	rényuánr	绕远儿	ràoyuǎnr	杂院儿	záyuànr		

（2）en—er

老本儿	lǎoběnr	一阵儿	yīzhènr	刀刃儿	dāorènr	哥们儿	gēmenr
杏仁儿	xìngrénr	把门儿	bǎménr	别针儿	biézhēnr	嗓门儿	sǎngménr
高跟儿鞋	gāogēnrxié	小人儿书	xiǎorénrshū	后跟儿	hòugēnr	大婶儿	dàshěnr
花盆儿	huāpénr	走神儿	zǒushénr	份儿	fènr	纳闷儿	nàmènr

uen—uer

打盹儿	dǎdǔnr	胖墩儿	pàngdūnr	砂轮儿	shālúnr	冰棍儿	bīnggùnr
没准儿	méizhǔnr	开春儿	kāichūnr				

4. 后鼻韵尾，儿化时去掉辅音韵尾，元音鼻化后卷舌

（1）ang—ãr

药方儿	yàofāngr	香肠儿	xiāngchángr	瓜瓤儿	guārángr	赶趟儿	gǎntàngr

iang—iãr

鼻梁儿	bíliángr	透亮儿	tòuliàngr	花样儿	huāyàngr

uang—uãr

蛋黄儿	dànhuángr	打晃儿	dǎhuàngr	天窗儿	tiānchuāngr

（2）eng—ẽr

钢镚儿	gāngbèngr	夹缝儿	jiāfèngr	脖颈儿	bógěngr	提成儿	tíchéngr

ueng—uẽr

小瓮儿 xiǎowèngr

（3）ong—ũr

果冻儿	guǒdòngr	门洞儿	méndòngr	胡同儿	hútòngr	抽空儿	chōukòngr
酒盅儿	jiǔzhōngr	小葱儿	xiǎocōngr				

（4）iong—iũr

小熊儿 xiǎoxióngr

5. i、ü（含 in、ün、ing）儿化时变成 ie 或 e 的卷舌音

（1）i—ier

针鼻儿　zhēnbír　　垫底儿　diàndǐr　　肚脐儿　dùqír　　玩意儿　wányìr

ü—er

毛驴儿　máolǘr　　小曲儿　xiǎoqǔr　　痰盂儿　tányúr

（2）in—ier

有劲儿　yǒujìnr　　送信儿　sòngxìnr　　脚印儿　jiǎoyìnr

ün—er

合群儿　héqúnr

（3）ing—iẽr

花瓶儿　huāpíngr　　打鸣儿　dǎmíngr　　图钉儿　túdīngr　　门铃儿　ménlíngr
眼镜儿　yǎnjìngr　　蛋清儿　dànqīngr　　火星儿　huǒxīngr　　人影儿　rényǐngr
杏儿　xìngr

6. -i（前、后）儿化时，声母直接与 er 拼读

i（前）—er

瓜子儿　guāzǐr　　石子儿　shízǐr　　没词儿　méicír　　挑刺儿　tiāocìr

i（后）—er

墨汁儿　mòzhīr　　锯齿儿　jùchǐr　　记事儿　jìshìr

四、多音节词语

1. 三音节

氨基酸	ānjīsuān	奥运会	àoyùnhuì	办公室	bàngōngshì
半导体	bàndǎotǐ	必然性	bìránxìng	辩证法	biànzhèngfǎ
标准化	biāozhǔnhuà	出发点	chūfādiǎn	传教士	chuánjiàoshì
传染病	chuánrǎnbìng	创造性	chuàngzàoxìng	大多数	dàduōshù
大学生	dàxuéshēng	大自然	dàzìrán	代理人	dàilǐrén
蛋白质	dànbáizhì	当事人	dāngshìrén	地下水	dìxiàshuǐ
电磁波	diàncíbō	电视剧	diànshìjù	电视台	diànshìtái
多边形	duōbiānxíng	发动机	fādòngjī	法西斯	fǎxīsī
方法论	fāngfǎlùn	放射性	fàngshèxìng	服务员	fúwùyuán
根据地	gēnjùdì	工程师	gōngchéngshī	工商业	gōngshāngyè

工业化	gōngyèhuà	公有制	gōngyǒuzhì	共产党	gòngchǎndǎng
共和国	gònghéguó	国务院	guówùyuàn	合作社	hézuòshè
化合物	huàhéwù	机械化	jīxièhuà	积极性	jījíxìng
基督教	Jīdūjiào	计算机	jìsuànjī	技术员	jìshùyuán
继承人	jìchéngrén	寄生虫	jìshēngchóng	加速度	jiāsùdù
解放军	jiěfàngjūn	金刚石	jīngāngshí	锦标赛	jǐnbiāosài
进化论	jìnhuàlùn	决定性	juédìngxìng	开玩笑	kāiwánxiào
科学家	kēxuéjiā	科学院	kēxuéyuàn	劳动力	láodònglì
劳动日	láodòngrì	劳动者	láodòngzhě	老百姓	lǎobǎixìng
联合国	Liánhéguó	农产品	nóngchǎnpǐn	农作物	nóngzuòwù
偶然性	ǒuránxìng	派出所	pàichūsuǒ	乒乓球	pīngpāngqiú
普通话	pǔtōnghuà	轻工业	qīnggōngyè	染色体	rǎnsètǐ
人民币	rénmínbì	认识论	rènshílùn	三角形	sānjiǎoxíng
社会学	shèhuìxué	生产力	shēngchǎnlì	生命力	shēngmìnglì
世界观	shìjièguān	收音机	shōuyīnjī	手工业	shǒugōngyè
手榴弹	shǒuliúdàn	水蒸气	shuǐzhēngqì	私有制	sīyǒuzhì
思想家	sīxiǎngjiā	四边形	sìbiānxíng	所有制	suǒyǒuzhì
太阳能	tàiyángnéng	太阳系	tàiyángxì	天然气	tiānránqì
天主教	Tiānzhǔjiào	图书馆	túshūguǎn	拖拉机	tuōlājī
望远镜	wàngyuǎnjìng	微生物	wēishēngwù	维生素	wéishēngsù
委员会	wěiyuánhuì	温度计	wēndùjì	无线电	wúxiàndiàn
显微镜	xiǎnwēijìng	现代化	xiàndàihuà	消费品	xiāofèipǐn
小学生	xiǎoxuéshēng	研究生	yánjiūshēng	艺术家	yìshùjiā
荧光屏	yíngguāngpíng	游击队	yóujīduì	原材料	yuáncáiliào
原子核	yuánzǐhé	运动员	yùndòngyuán	责任感	zérèngǎn
照相机	zhàoxiàngjī	直辖市	zhíxiáshì	殖民地	zhímíndì
中世纪	zhōngshìjì	中学生	zhōngxuéshēng	重工业	zhònggōngyè
主人公	zhǔréngōng	啄木鸟	zhuómùniǎo	自动化	zìdònghuà
自然界	zìránjiè	自行车	zìxíngchē	自治区	zìzhìqū

安理会	Ānlǐhuì	八仙桌	bāxiānzhuō	芭蕾舞	bālěiwǔ
白话文	báihuàwén	百分比	bǎifēnbǐ	班主任	bānzhǔrèn
半成品	bànchéngpǐn	保护色	bǎohùsè	保险丝	bǎoxiǎnsī
保证金	bǎozhèngjīn	保证人	bǎozhèngrén	抱不平	bàobùpíng
暴风雪	bàofēngxuě	暴风雨	bàofēngyǔ	北半球	běibànqiú
北极星	běijíxīng	比例尺	bǐlìchǐ	必需品	bìxūpǐn
避雷针	bìléizhēn	变压器	biànyāqì	辩护人	biànhùrén
病原体	bìngyuántǐ	博览会	bólǎnhuì	博物馆	bówùguǎn
参议院	cānyìyuàn	长臂猿	chángbìyuán	长方形	chángfāngxíng
长颈鹿	chángjǐnglù	超导体	chāodǎotǐ	超声波	chāoshēngbō
乘务员	chéngwùyuán	出生率	chūshēnglǜ	穿山甲	chuānshānjiǎ
催化剂	cuīhuàjì	打火机	dǎhuǒjī	大本营	dàběnyíng
大陆架	dàlùjià	大理石	dàlǐshí	大气层	dàqìcéng
大气压	dàqìyā	大人物	dàrénwù	代表作	dàibiǎozuò
丹顶鹤	dāndǐnghè	胆固醇	dǎngùchún	胆小鬼	dǎnxiǎoguǐ
地平线	dìpíngxiàn	地下室	dìxiàshì	电磁场	diàncíchǎng
电解质	diànjiězhì	电气化	diànqìhuà	电影院	diànyǐngyuàn
东道主	dōngdàozhǔ	东正教	Dōngzhèngjiào	董事会	dǒngshìhuì
动画片	dònghuàpiàn	动物园	dòngwùyuán	鹅卵石	éluǎnshí
恶作剧	èzuòjù	发言人	fāyánrén	反义词	fǎnyìcí
方向盘	fāngxiàngpán	防护林	fánghùlín	纺织品	fǎngzhīpǐn
放大镜	fàngdàjìng	放射线	fàngshèxiàn	飞行器	fēixíngqì
飞行员	fēixíngyuán	肺活量	fèihuóliàng	肺结核	fèijiéhé
分水岭	fēnshuǐlǐng	负离子	fùlízǐ	副作用	fùzuòyòng
高血压	gāoxuèyā	工艺品	gōngyìpǐn	工作日	gōngzuòrì
公积金	gōngjījīn	公务员	gōngwùyuán	古兰经	Gǔlánjīng
管弦乐	guǎnxiányuè	规范化	guīfànhuà	哈密瓜	hāmìguā
海岸线	hǎi’ànxiàn	红领巾	hónglǐngjīn	红外线	hóngwàixiàn
花岗岩	huāgāngyán	化妆品	huàzhuāngpǐn	画外音	huàwàiyīn

黄澄澄	huángdèngdèng	黄鼠狼	huángshǔláng	回归线	huíguīxiàn
回忆录	huíyìlù	混合物	hùnhéwù	混凝土	hùnníngtǔ
基本功	jīběngōng	吉普车	jípǔchē	集装箱	jízhuāngxiāng
记忆力	jìyìlì	继承权	jìchéngquán	甲骨文	jiǎgǔwén
甲状腺	jiǎzhuàngxiàn	交响乐	jiāoxiǎngyuè	交易所	jiāoyìsuǒ
脚手架	jiǎoshǒujià	教科书	jiàokēshū	金龟子	jīnguīzǐ
金丝猴	jīnsīhóu	金字塔	jīnzìtǎ	进行曲	jìnxíngqǔ
俱乐部	jùlèbù	爵士乐	juéshìyuè	老天爷	lǎotiānyé
里程碑	lǐchéngbēi	连环画	liánhuánhuà	连衣裙	liányīqún
疗养院	liáoyǎngyuàn	林荫道	línyīndào	淋巴结	línbājié
领事馆	lǐngshìguǎn	留声机	liúshēngjī	流水线	liúshuǐxiàn
龙卷风	lóngjuǎnfēng	录像机	lùxiàngjī	录音机	lùyīnjī
螺旋桨	luóxuánjiǎng	马铃薯	mǎlíngshǔ	猫头鹰	māotóuyīng
蒙古包	ménggǔbāo	穆斯林	mùsīlín	南半球	nánbànqiú
难为情	nánwéiqíng	内燃机	nèiránjī	霓虹灯	níhóngdēng
牛仔裤	niúzǎikù	判决书	pànjuéshū	漂白粉	piǎobáifěn
平衡木	pínghéngmù	蒲公英	púgōngyīng	青霉素	qīngméisù
轻音乐	qīngyīnyuè	清真寺	qīngzhēnsì	人行道	rénxíngdào
三角洲	sānjiǎozhōu	三轮车	sānlúnchē	神经病	shénjīngbìng
神经质	shénjīngzhì	圣诞节	Shèngdànjié	食物链	shíwùliàn
视网膜	shìwǎngmó	水龙头	shuǐlóngtóu	糖尿病	tángniàobìng
体育场	tǐyùchǎng	体育馆	tǐyùguǎn	天花板	tiānhuābǎn
同位素	tóngwèisù	统一体	tǒngyītǐ	外祖父	wàizǔfù
外祖母	wàizǔmǔ	西红柿	xīhóngshì	细胞核	xìbāohé
向日葵	xiàngrìkuí	小夜曲	xiǎoyèqǔ	协奏曲	xiézòuqǔ
写字台	xiězìtái	形容词	xíngróngcí	蓄电池	xùdiànchí
亚热带	yàrèdài	研究员	yánjiūyuán	叶绿素	yèlǜsù
胰岛素	yídǎosù	咏叹调	yǒngtàndiào	幼儿园	yòu'éryuán
羽毛球	yǔmáoqiú	圆舞曲	yuánwǔqǔ	蒸馏水	zhēngliúshuǐ

正比例	zhèngbǐlì	指南针	zhǐnánzhēn	志愿军	zhìyuànjūn
中间人	zhōngjiānrén	主人翁	zhǔrénwēng	注射器	zhùshèqì
紫外线	zǐwàixiàn	自来水	zìláishuǐ	奏鸣曲	zòumíngqǔ

2. 四音节词语

千方百计	qiān fāng bǎi jì	无可奈何	wú kě nàihé
新陈代谢	xīn chén dài xiè	因地制宜	yīn dì zhì yí
自力更生	zì lì gēng shēng		
安居乐业	ān jū lè yè	百花齐放	bǎi huā qí fàng
百家争鸣	bǎi jiā zhēng míng	百科全书	bǎikē quánshū
包罗万象	bāoluó wànxiàng	背道而驰	bèi dào ér chí
标新立异	biāo xīn lì yì	别出心裁	bié chū xīncái
别具一格	bié jù yī gé	别开生面	bié kāi shēng miàn
别有用心	bié yǒu yòngxīn	冰天雪地	bīng tiān xuě dì
层出不穷	céng chū bù qióng	畅所欲言	chàng suǒ yù yán
持之以恒	chí zhī yǐ héng	赤手空拳	chì shǒu kōng quán
出类拔萃	chū lèi bá cuì	出其不意	chū qí bù yì
出人意料	chū rén yìliào	触目惊心	chù mù jīng xīn
川流不息	chuān liú bù xī	此起彼伏	cǐ qǐ bǐ fú
错综复杂	cuòzōng fùzá	大公无私	dà gōng wú sī
大惊小怪	dà jīng xiǎo guài	大同小异	dà tóng xiǎo yì
大显身手	dà xiǎn shēnshǒu	大相径庭	dà xiāng jìngtíng
得天独厚	dé tiān dú hòu	得心应手	dé xīn yìng shǒu
独一无二	dú yī wú èr	方兴未艾	fāng xīng wèi ài
非同小可	fēi tóng xiǎo kě	奋不顾身	fèn bù gù shēn
风驰电掣	fēng chí diàn chè	风起云涌	fēng qǐ yún yǒng
根深蒂固	gēn shēn dì gù	顾名思义	gù míng sī yì
海市蜃楼	hǎi shì shèn lóu	汗流浃背	hàn liú jiā bèi
后顾之忧	hòu gù zhī yōu	焕然一新	huànrán yī xīn
急中生智	jí zhōng shēng zhì	家喻户晓	jiā yù hù xiǎo

矫揉造作	jiǎo róu zào zuò	精益求精	jīng yì qiú jīng
鞠躬尽瘁	jūgōng jìn cuì	举足轻重	jǔ zú qīng zhòng
刻不容缓	kè bù róng huǎn	脍炙人口	kuài zhì rén kǒu
来龙去脉	lái lóng qù mài	理直气壮	lǐ zhí qì zhuàng
了如指掌	liǎo rú zhǐ zhǎng	淋漓尽致	lín lí jìn zhì
琳琅满目	línláng mǎn mù	屡见不鲜	lǚ jiàn bù xiān
漫不经心	màn bù jīngxīn	慢条斯理	màntiáo－sī lǐ
毛骨悚然	máo gǔ sǒngrán	眉飞色舞	méi fēi sè wǔ
眉开眼笑	méi kāi yǎn xiào	梦寐以求	mèngmèi yǐ qiú
名副其实	míng fù qí shí	名列前茅	míng liè qiánmáo
目不转睛	mù bù zhuǎn jīng	目瞪口呆	mù dèng kǒu dāi
弄虚作假	nòng xū zuò jiǎ	排忧解难	pái yōu jiě nàn
迫不及待	pò bù jí dài	岂有此理	qǐ yǒu cǐ lǐ
千钧一发	qiān jūn yī fà	前仆后继	qián pū hòu jì
潜移默化	qián yí mò huà	轻而易举	qīng ér yì jǔ
轻描淡写	qīng miáo dàn xiě	情不自禁	qíng bù zì jīn
如释重负	rú shì zhòng fù	若无其事	ruò wú qí shì
司空见惯	sīkōng jiànguàn	似是而非	sì shì ér fēi
肆无忌惮	sì wú jì dàn	随心所欲	suí xīn suǒ yù
啼笑皆非	tí xiào jiē fēi	天经地义	tiān jīng dì yì
万紫千红	wàn zǐ qiān hóng	忘恩负义	wàng ēn fù yì
相得益彰	xiāng dé yì zhāng	心不在焉	xīn bù zài yān
心旷神怡	xīn kuàng shén yí	兴高采烈	xìng gāo cǎi liè
胸有成竹	xiōng yǒu chéng zhú	抑扬顿挫	yìyáng dùncuò
有的放矢	yǒu dì fàng shǐ	与日俱增	yǔ rì jù zēng
语重心长	yǔ zhòng xīn cháng	震耳欲聋	zhèn ěr yù lóng
周而复始	zhōu ér fù shǐ	诸如此类	zhū rú cǐ lèi
自始至终	zì shǐ zhì zhōng	自以为是	zì yǐ wéi shì

五、单频词语

1. 前字单频

盎然	àngrán	遨游	áoyóu	翱翔	áoxiáng	跋涉	báshè
孢子	bāozǐ	鲍鱼	bàoyú	匕首	bǐshǒu	陛下	bìxià
婢女	bìnǚ	摈弃	bìnqì	摒弃	bìngqì	惭愧	cánkuì
灿烂	cànlàn	沧桑	cāngsāng	嘈杂	cáozá	厕所	cèsuǒ
忏悔	chànhuǐ	娼妓	chāngjì	惆怅	chóuchàng	矗立	chùlì
炊烟	chuīyān	淳朴	chúnpǔ	绰号	chuòhào	啜泣	chuòqì
匆忙	cōngmáng	淬火	cuìhuǒ	诋毁	dǐhuǐ	谛听	dìtīng
碉堡	diāobǎo	笃信	dǔxìn	敦促	dūncù	厄运	èyùn
藩镇	fānzhèn	梵文	fànwén	绯红	fēihóng	翡翠	fěicuì
芬芳	fēnfāng	烽火	fēnghuǒ	肛门	gāngmén	戈壁	gēbì
巩固	gǒnggù	哽咽	gěngyè	篝火	gōuhuǒ	皈依	guīyī
酣睡	hānshuì	鼾声	hānshēng	悍然	hànrán	捍卫	hànwèi
弘扬	hóngyáng	鸿沟	hónggōu	蝴蝶	húdié	宦官	huànguān
涣散	huànsàn	豢养	huànyǎng	蝗虫	huángchóng	诙谐	huīxié
洄游	huíyóu	蛔虫	huíchóng	荟萃	huìcuì	彗星	huìxīng
畸形	jīxíng	羁绊	jībàn	汲取	jíqǔ	嫉妒	jídù
伎俩	jìliǎng	枷锁	jiāsuǒ	嘉奖	jiājiǎng	缄默	jiānmò
骄傲	jiāo'ào	皎洁	jiǎojié	睫毛	jiémáo	矜持	jīnchí
韭菜	jiǔcài	臼齿	jiùchǐ	咀嚼	jǔjué	沮丧	jǔsàng
崛起	juéqǐ	骏马	jùnmǎ	抉择	juézé	竣工	jùngōng
楷模	kǎimó	慷慨	kāngkǎi	瞌睡	kēshuì	恪守	kèshǒu
吭声	kēngshēng	匮乏	kuìfá	黎明	límíng	沥青	lìqīng
荔枝	lìzhī	嘹亮	liáoliàng	潦倒	liáodǎo	缭绕	liáorào
羚羊	língyáng	聆听	língtīng	菱形	língxíng	浏览	liúlǎn
孪生	luánshēng	蚂蚁	mǎyǐ	谩骂	mànmà	魅力	mèilì
猕猴	míhóu	糜烂	mílàn	缅怀	miǎnhuái	藐视	miǎoshì

泯灭	mǐnmiè	冥想	míngxiǎng	陌生	mòshēng	蓦然	mòrán
拇指	mǔzhǐ	沐浴	mùyù	呢绒	níróng	狞笑	níngxiào
努力	nǔlì	虐待	nüèdài	糯米	nuòmǐ	讴歌	ōugē
殴打	ōudǎ	咆哮	páoxiào	抨击	pēngjī	毗邻	pílín
啤酒	píjiǔ	媲美	pìměi	譬如	pìrú	苹果	píngguǒ
绮丽	qǐlì	虔诚	qiánchéng	谴责	qiǎnzé	惬意	qièyì
酋长	qiúzhǎng	冗长	rǒngcháng	蠕动	rúdòng	霎时	shàshí
煽动	shāndòng	赡养	shànyǎng	呻吟	shēnyín	绅士	shēnshì
狩猎	shòuliè	倏然	shūrán	曙光	shǔguāng	厮杀	sīshā
嘶哑	sīyǎ	伺机	sìjī	隧道	suìdào	唆使	suōshǐ
蓑衣	suōyī	坍塌	tāntā	绦虫	tāochóng	恬静	tiánjìng
瞳孔	tóngkǒng	秃顶	tūdǐng	陀螺	tuóluó	椭圆	tuǒyuán
宛如	wǎnrú	惋惜	wǎnxī	桅杆	wéigān	帷幕	wéimù
蔚蓝	wèilán	紊乱	wěnluàn	蜗牛	wōniú	呜咽	wūyè
犀利	xīlì	奚落	xīluò	牺牲	xīshēng	嬉戏	xīxì
唏嘘	xīxū	遐想	xiáxiǎng	娴熟	xiánshú	羡慕	xiànmù
逍遥	xiāoyáo	匈奴	xiōngnú	汹涌	xiōngyǒng	旭日	xùrì
绚丽	xuànlì	渲染	xuànrǎn	炫耀	xuànyào	眩晕	xuànyùn
蚜虫	yáchóng	湮没	yānmò	筵席	yánxí	俨然	yǎnrán
谚语	yànyǔ	夭折	yāozhé	徭役	yáoyì	贻误	yíwù
屹立	yìlì	翌日	yìrì	臆造	yìzào	驿站	yìzhàn
荫庇	yìnbì	萦绕	yíngrào	臃肿	yōngzhǒng	甬道	yǒngdào
踊跃	yǒngyuè	黝黑	yǒuhēi	舆论	yúlùn	陨石	yǔnshí
酝酿	yùnniàng	崭新	zhǎnxīn	辗转	zhǎnzhuǎn	樟脑	zhāngnǎo
肇事	zhàoshì	拯救	zhěngjiù	窒息	zhìxī	秩序	zhìxù
蛛网	zhūwǎng	瞩目	zhǔmù	伫立	zhùlì	茁壮	zhuózhuàng
咨询	zīxún	姊妹	zǐmèi	诅咒	zǔzhòu	昨天	zuótiān

2. 后字单频

按钮	ànniǔ	白皙	báixī	斑斓	bānlán	保姆	bǎomǔ

边陲	biānchuí	编纂	biānzuǎn	别墅	biéshù	不啻	bùchì
波澜	bōlán	苍穹	cāngqióng	猖獗	chāngjué	草莓	cǎoméi
潮汐	cháoxī	尘埃	chén'āi	晨曦	chénxī	驰骋	chíchěng
充沛	chōngpèi	抽搐	chōuchù	船舶	chuánbó	粗糙	cūcāo
粗犷	cūguǎng	大厦	dàshà	岛屿	dǎoyǔ	涤纶	dílún
地幔	dìmàn	叮咛	dīngníng	斗笠	dǒulì	杜鹃	dùjuān
抖擞	dǒusǒu	动辄	dòngzhé	对峙	duìzhì	反刍	fǎnchú
反馈	fǎnkuì	范畴	fànchóu	肥沃	féiwò	肥皂	féizào
分泌	fēnmì	分娩	fēnmiǎn	分蘖	fēnniè	纷纭	fēnyún
风靡	fēngmǐ	丰腴	fēngyú	缝纫	féngrèn	干涸	gānhé
隔阂	géhé	耕耘	gēngyún	骨骼	gǔgé	官僚	guānliáo
灌溉	guàngài	广袤	guǎngmào	海蜇	hǎizhé	海棠	hǎitáng
寒噤	hánjìn	寒暄	hánxuān	嚎啕	háotáo	和蔼	hé'ǎi
和睦	hémù	横亘	hénggèn	后裔	hòuyì	呼吁	hūyù
花卉	huāhuì	荒芜	huāngwú	黄疸	huángdǎn	黄莺	huángyīng
辉煌	huīhuáng	灰烬	huījìn	贿赂	huìlù	混沌	hùndùn
混淆	hùnxiáo	火炬	huǒjù	基础	jīchǔ	急遽	jíjù
寂寞	jìmò	驾驭	jiàyù	肩胛	jiānjiǎ	间谍	jiàndié
教诲	jiàohuì	介绍	jièshào	禁锢	jìngù	惊讶	jīngyà
晶莹	jīngyíng	精湛	jīngzhàn	警惕	jǐngtì	静谧	jìngmì
酒吧	jiǔbā	坎坷	kǎnkě	恐怖	kǒngbù	溃疡	kuìyáng
狼狈	lángbèi	怜悯	liánmǐn	潦倒	liáodǎo	硫磺	liúhuáng
流氓	liúmáng	鲁莽	lǔmǎng	忙碌	mánglù	麻疹	mázhěn
门槛	ménkǎn	梦呓	mèngyì	明矾	míngfán	牡蛎	mǔlì
内疚	nèijiù	泥泞	nínìng	磅礴	pángbó	膀胱	pángguāng
烹饪	pēngrèn	蓬勃	péngbó	疲惫	píbèi	启迪	qǐdí
气馁	qìněi	亲昵	qīnnì	青稞	qīngkē	青睐	qīnglài
热忱	rèchén	杀戮	shālù	山坳	shān'ào	山楂	shānzhā
闪烁	shǎnshuò	商榷	shāngquè	深邃	shēnsuì	神龛	shénkān

时髦	shímáo	手铐	shǒukào	水獭	shuǐtǎ	思忖	sīcǔn
私塾	sīshú	贪婪	tānlán	弹劾	tánhé	挑衅	tiǎoxìn
铁锨	tiěxiān	慰藉	wèijiè	温馨	wēnxīn	梧桐	wútóng
无垠	wúyín	戏谑	xìxuè	狭隘	xiá'ài	陷阱	xiànjǐng
心悸	xīnjì	新颖	xīnyǐng	修缮	xiūshàn	胸脯	xiōngpú
胸膛	xiōngtáng	须臾	xūyú	眼睑	yǎnjiǎn	演绎	yǎnyì
依偎	yīwēi	阴霾	yīnmái	英镑	yīngbàng	宇宙	yǔzhòu
脏腑	zàngfǔ	糟粕	zāopò	遭殃	zāoyāng	造诣	zàoyì
招徕	zhāolái	震撼	zhènhàn	脂肪	zhīfáng	装潢	zhuānghuáng
租赁	zūlìn	棕榈	zōnglǘ	作祟	zuòsuì		

3. 双字单频

蟾蜍	chánchú	憧憬	chōngjǐng	踌躇	chóuchú	璀璨	cuǐcàn
玳瑁	dàimào	诽谤	fěibàng	芙蓉	fúróng	坩埚	gānguō
橄榄	gǎnlǎn	狡猾	jiǎohuá	咖啡	kāfēi	蝌蚪	kēdǒu
铿锵	kēngqiāng	傀儡	kuǐlěi	涟漪	liányī	踉跄	liàngqiàng
嶙峋	línxún	吝啬	lìnsè	玲珑	línglóng	玛瑙	mǎnǎo
涅槃	nièpán	霹雳	pīlì	匍匐	púfú	崎岖	qíqū
蜻蜓	qīngtíng	蹂躏	róulìn	妊娠	rènshēn	珊瑚	shānhú
奢侈	shēchǐ	怂恿	sǒngyǒng	瘫痪	tānhuàn	螳螂	tángláng
巍峨	wēi'é	蜥蜴	xīyì	亵渎	xièdú	窈窕	yǎotiǎo
耶稣	yēsū	鹦鹉	yīngwǔ	蚱蜢	zhàměng	桎梏	zhìgù

六、多音字词

1. 字多音

【表一】

阿	ā ē	挨	āi ái	熬	āo áo
扒	bā pá	把	bǎ bà	炮	bāo páo pào
薄	báo bó bò	背	bēi bèi	奔	bēn bèn
别	bié biè	屏	bǐng píng	参	cān shēn

藏 cáng zàng	曾 céng zēng	叉 chā chǎ
差 chā chà chāi	长 cháng zhǎng	场 cháng chǎng
朝 cháo zhāo	车 chē jū	称 chèn chēng
盛 chéng shèng	冲 chōng chòng	重 chóng zhòng
臭 chòu xiù	处 chǔ chù	畜 chù xù
传 chuán zhuàn	创 chuāng chuàng	幢 chuáng zhuàng
打 dá dǎ	待 dāi dài	担 dān dàn
单 dān shàn	石 dàn shí	弹 dàn tán
当 dāng dàng	倒 dǎo dào	得 dé děi
调 diào tiáo	钉 dīng dìng	都 dōu dū
斗 dǒu dòu	度 dù duó	恶 è wù
发 fā fà	分 fēn fèn	缝 féng fèng
服 fú fù	干 gān gàn	杆 gān gǎn
更 gēng gèng	供 gōng gòng	冠 guān guàn
观 guān guàn	还 hái huán	行 háng xíng
号 háo hào	好 hǎo hào	喝 hē hè
和 hé hè hú huó huò	荷 hé hè	横 héng hèng
哄 hōng hǒng hòng	划 huá huà	华 huá huà
晃 huǎng huàng	混 hún hùn	系 jì xì
夹 jiā jiá	假 jiǎ jià	间 jiān jiàn
将 jiāng jiàng	强 jiàng qiáng	教 jiāo jiào
嚼 jiáo jué	角 jiǎo jué	觉 jiào jué
校 jiào xiào	结 jiē jié	解 jiě jiè Xiè
尽 jǐn jìn	劲 jìn jìng	降 jiàng xiáng
圈 juān juàn quān	卷 juǎn juàn	卡 kǎ qiǎ
看 kān kàn	壳 ké qiào	空 kōng kòng
拉 lā lá	落 là lào luò	乐 lè yuè
累 léi lěi lèi	凉 liáng liàng	量 liáng liàng
令 lǐng lìng	溜 liū liù	陆 liù lù
笼 lóng lǒng	弄 lòng nòng	搂 lōu lǒu
露 lòu lù	率 lǜ shuài	抹 mā mǒ mò

没 méi mò	闷 mēn mèn	蒙 mēng méng měng
磨 mó mò	难 nán nàn	宁 níng nìng
拧 níng nǐng nìng	泡 pāo pào	铺 pū pù
切 qiē qiè	曲 qū qǔ	任 Rén rèn
撒 sā sǎ	塞 sāi sài sè	散 sǎn sàn
色 sè shǎi	扇 shān shàn	上 shǎng shàng
少 shǎo shào	折 shé zhē zhé	舍 shě shè
谁 shéi shuí	省 shěng xǐng	熟 shóu shú
数 shǔ shù	属 shǔ zhǔ	宿 sù xiǔ xiù
遂 suí suì	挑 tiāo tiǎo	通 tōng tòng
吐 tǔ tù	为 wéi wèi	鲜 xiān xiǎn
相 xiāng xiàng	削 xiāo xuē	血 xiě xuè
兴 xīng xìng	旋 xuán xuàn	咽 yān yàn yè
约 yāo yuē	要 yāo yào	饮 yǐn yìn
应 yīng yìng	予 yú yǔ	扎 zā zhā
脏 zāng zàng	炸 zhá zhà	占 zhān zhàn
涨 zhǎng zhàng	着 zhāo zháo zhuó	挣 zhēng zhèng
只 zhī zhǐ	中 zhōng zhòng	种 zhǒng zhòng
转 zhuǎn zhuàn	钻 zuān zuàn	

【表二】

拗 ào niù	耙 bà pá	膀 bǎng pāng páng
堡 bǎo pù	刨 bào páo	绷 bēng běng bèng
辟 bì pì	泊 bó pō	杈 chā chà
刹 chà shā	禅 chán shàn	剿 chāo jiǎo
仇 chóu Qiú	攒 cuán zǎn	撮 cuō zuǒ
逮 dǎi dài	囤 dùn tún	垛 duǒ duò
膏 gāo gào	禁 jīn jìn	勒 lè lēi
擂 léi lèi	撩 liāo liáo	燎 liáo liǎo
蹓 liū liù	捋 lǚ luō	蔓 màn wàn
劈 pī pǐ	漂 piāo piǎo	撇 piē piě

仆	pū pú	纤	qiàn xiān	呛	qiāng qiàng
翘	qiáo qiào	臊	sāo sào	煞	shā shà
拓	tà tuò	帖	tiě tiè	肖	xiāo xiào
轧	yà zhá	燕	yān yàn	掖	yē yè
晕	yūn yùn	爪	zhǎo zhuǎ		

2. 字与词多音

便	biàn	便宜	piányi	磅	bàng	磅礴	pángbó
剥	bāo	剥离	bōlí	颤	chàn	打颤	dǎzhàn
揣	chuāi	揣摩	chuǎimó	答	dā	应答	yìngdá
大	dà	大夫	dàifu	澄	dèng	澄清	chéngqīng
给	gěi	给予	jǐyǔ	葛	Gě	纠葛	jiūgé
勾	gōu	勾当	gòudàng	核	hé	核儿	húr
会	huì	会计	kuài·jì	豁	huō	豁免	huòmiǎn
几	jǐ	几乎	jīhū	济	jì	济济	jǐjǐ
纪	jǐ	纪实	jìshí	贾	Jiǎ	商贾	shānggǔ
颈	jǐng	脖颈儿	bógěngr	倔	juè	倔强	juéjiàng
俩	liǎ	伎俩	jìliǎng	绿	lǜ	绿林	lùlín
模	mó	模样	múyàng	泥	ní	拘泥	jūnì
跑	pǎo	虎跑寺	Hǔpáosì	片	piàn	片子	piānzi
朴	Piáo	朴实	pǔshí	亲	qīn	亲家	qìngjia
似	sì	似的	shìde	识	shí	标识	biāozhì
杉	shān	杉木	shāmù	什	shí	什么	shénme
提	tí	提防	dīfang	同	tóng	胡同儿	hútòngr
吓	xià	恐吓	kǒnghè	巷	xiàng	巷道	hàngdào
与	yǔ	与会	yùhuì	殷	yīn	殷红	yānhóng
载	zài	登载	dēngzǎi	作	zuò	作坊	zuō·fang
择	zé	择菜	zháicài	正	zhèng	正月	zhēngyuè
症	zhèng	症结	zhēngjié				

3. 多音词

颠簸	diānbǒ	簸箕	bòji	的确	díquè	标的	biāodì
雇佣	gùyōng	佣金	yòngjīn	悄悄	qiāoqiāo	悄声	qiǎoshēng
丧事	sāngshì	丧失	sàngshī	舌苔	shétāi	青苔	qīngtái
仔细	zǐxì	牛仔裤	niúzǎikù	指甲	zhǐjia(zhījia)	指头	zhǐtou(zhítou)
本事	běnshì	大爷	dàyé	地方	dìfāng	东西	dōngxī
	běnshi		dàye		dìfang		dōngxi
精神	jīngshén	人家	rénjiā	生意	shēngyì	实在	shízài
	jīngshen		rénjia		shēngyi		shízai
兄弟	xiōngdì	自在	zìzài	琢磨	zhuómó	利害	lìhài
	xiōngdi		zìzai		zuómo	厉害	lìhai
大方	dàfāng	地道	dìdào	废物	fèiwù	世故	shìgù
	dàfang		dìdao		fèiwu		shìgu

第三部分 短 文

本道题测查应试人使用普通话朗读书面作品的水平。在测查声母、韵母、声调读音标准程度的同时，重点测查连读音变、停连、语调以及流畅程度。测试时从60篇朗读作品中随机朗读一篇，评分以朗读作品的前400个音节（不含标点符号和括注的音节）为限，但应试人应将第400个音节所在的句子读完整。评分要求为：

①每错一个音节，扣0.1分，漏字、添字每个音节扣0.1分。

②声母或韵母的系统性语音缺陷，视程度扣0.5分、1分。

③如不同程度地存在语调偏误，视程度扣0.5分、1分、2分。

④停顿、断句不当，视程度扣0.5分、1分、2分。

⑤朗读不流畅（包括回读），视程度扣0.5分、1分、2分。

⑥本项测试限时4分钟，只要超时，不论长短，一律扣1分。

为方便练习，每篇作品作了一些标记。具体含义如下：

①实心圆（•），即该字读作轻声。

②空心圆（○），即该字读音为可重可轻，但在朗读中以轻声的语感为好。

③三角（△），即该字为舌尖前音（平舌音）。

④双斜线（//），即此处为第400个音节结束。

⑤在词语下面画横线，即该词在短文后有拼音注音。

不标注的语法轻声词为：

①助词：的、地、得、着、了

②语气助词：啊、吗、呢、吧、呀、啦、罢

作品 1 号

那是力争上游的一种树，笔直的干，笔直的枝。它的干呢，通常是丈把高，像是加以人工似的，一丈以内，绝无旁枝；它所有的桠枝呢，一律向上，而且紧紧靠拢，也像是加以人工似的，成为一束，绝无横斜逸出；它的宽大的叶子也是片片向上，几乎没有斜生的，更不用说倒垂了；它的皮，光滑而有银色的晕圈，微微泛出淡青色。这是虽在北方的风雪的压迫下却保持着倔强挺立的一种树！哪怕只有碗来粗细罢，它却努力向上发展，高到丈许，两丈，参天耸立，不折不挠，对抗着西北风。

这就是白杨树，西北极普通的一种树，然而决不是平凡的树！

它没有婆娑的姿态，没有屈曲盘旋的虬枝，也许你要说它不美丽，——如果美是专指“婆娑”或“横斜逸出”之类而言，那么，白杨树算不得树中的好女子；但是它却是伟岸，正直，朴质，严肃，也不缺乏温和，更不用提它的坚强不屈与挺拔，它是树中的伟丈夫！当你在积雪初融的高原上走过，看见平坦的大地上傲然挺立这么一株或一排白杨树，难道你就只觉得树只是树，难道你就不想到它的朴质，严肃，坚强不屈，至少也象征了北方的农民；难道你竟一点儿也不联想到，在敌后的广大土//地上，到处有坚强不屈，就像这白杨树一样傲然挺立的守卫他们家乡的哨兵！难道你又不更远一点想到这样枝枝叶叶靠紧团结，力求上进的白杨树，宛然象征了今天在华北平原纵横决荡用血写出新中国历史的那种精神和意志。

——节选自茅盾《白杨礼赞》

语音提示：

1. 似的 shì · de　　2. 桠枝 yāzhī　　3. 倒垂 dàochuí　　4. 晕圈 yùnquān
5. 倔强 juéjiàng　　6. 婆娑 pósuō　　7. 虬枝 qiúzhī　　8. 温和 wēnhé

作品 2 号

两个同龄的年轻人同时受雇于一家店铺，并且拿同样的薪水。

可是一段时间后，叫阿诺德的那个小伙子青云直上，而那个叫布鲁诺的小伙子却仍在原地踏步。布鲁诺很不满意老板的不公正待遇。终于有一天他到老板那儿发牢骚了。老板一边耐心地听着他的抱怨，一边在心里盘算着怎样向他解释清楚他和阿诺德之间的差别。

“布鲁诺先生，”老板开口说话了，“您现在到集市上去一下，看看今天早上有什么卖的。”

布鲁诺从集市上回来向老板汇报说，今早集市上只有一个农民拉了一车土豆在卖。

“有多少？”老板问。

布鲁诺赶快戴上帽子又跑到集上，然后回来告诉老板一共四十袋土豆。

“价格是多少？”

布鲁诺又第三次跑到集上问来了价格。

“好吧，”老板对他说，“现在请您坐到这把椅子上一句话也不要说，看看阿诺德怎么说。”

阿诺德很快就从集市上回来了。向老板汇报说到现在为止只有一个农民在卖土豆，一共四十口袋，价格是多少多少；土豆质量很不错，他带回来一个让老板看看。这个农民一个钟头以后还会弄来几箱西红柿，据他看价格非常公道。昨天他们铺子的西红柿卖得很快，库存已经不//多了。他想这么便宜的西红柿，老板肯定会要进一些的，所以他不仅带回了一个西红柿做样品，而且把那个农民也带来了，他现在正在外面等回话呢。

——节选自张健鹏、胡足青主编《故事时代》中的《差别》

语音提示：

1. 店铺　diànpù　　2. 牢骚　láo · sāo　　3. 抱怨　bào · yuàn
4. 盘算着　pánsuanzhe　　5. 差别　chābié　　6. 告诉　gàosu

作品 3 号

我常常遗憾我家门前那块丑石：它黑黝黝地卧在那里，牛似的模样；谁也不知道是什么时候留在这里的，谁也不去理会它。只是麦收时节，门前摊了麦子，奶奶总是说：这块丑石，多占地面呀，抽空把它搬走吧。

它不像汉白玉那样的细腻，可以刻字雕花，也不像大青石那样的光滑，可以供来浣纱捶布。它静静地卧在那里，院边的槐阴没有庇覆它，花儿也不再在它身边生长。荒草便繁衍出来，枝蔓上下，慢慢地，它竟锈上了绿苔、黑斑。我们这些做孩子的，也讨厌起它来，曾合伙要搬走它，但力气又不足；虽时时咒骂它，嫌弃它，也无可奈何，只好任它留在那里了。

终有一日，村子里来了一个天文学家。他在我家门前路过，突然发现了这块石头，眼光立即就拉直了。他再没有离开，就住了下来；以后又来了好些人，都说这是一块陨石，从天上落下来已经有二三百年了，是一件了不起的东西。不久便来了车，小心翼翼地将它运走了。

这使我们都很惊奇，这又怪又丑的石头，原来是天上的啊！它补过天，在天上发过热、闪过光，我们的先祖或许仰望过它，它给了他们光明、向往、憧憬；而它落下来了，在污土里，荒草里，一躺就//是几百年了！

我感到自己的无知，也感到了丑石的伟大，我甚至怨恨它这么多年竟会默默地忍受着这一切！而我又立即深深地感到它那种不屈于误解、寂寞的生存的伟大。

——节选自贾平凹《丑石》

语音提示：

1. 黑黝黝 （书面语 hēiyǒuyǒu 口语 hēiyōuyōu）
2. 模样 múyàng
3. 谁 shéi
4. 供 gōng
5. 浣纱 huànshā
6. 花儿 huā'ér
7. 枝蔓 zhīwàn
8. 绿苔 lǜtái
9. 陨石 yǔnshí

作品 4 号

在达瑞八岁的时候，有一天他想去看电影。因为没有钱，他想是向爸妈要钱，还是自己挣钱。最后他选择了后者。他自己调制了一种汽水，向过路的行人出售。可那时正是寒冷的冬天，没有人买，只有两个人例外——他的爸爸和妈妈。

他偶然有一个和非常成功的商人谈话的机会。当他对商人讲述了自己的“破产史”后，商人给了他两个重要的建议：一是尝试为别人解决一个难题；二是把精力集中在你知道的、你会的和你拥有的东西上。

这两个建议很关键。因为对于一个八岁的孩子而言，他不会做的事情很多。于是他穿过大街小巷，不停地思考：人们会有什么难题，他又如何利用这个机会？

一天，吃早饭时父亲让达瑞去取报纸。美国的送报员总是把报纸从花园篱笆的一个特制的管子里塞进来。假如你想穿着睡衣舒舒服服地吃早饭和看报纸，就必须离开温暖的房间，冒着寒风，到花园去取。虽然路短，但十分麻烦。

当达瑞为父亲取报纸的时候，一个主意诞生了。当天他就按响邻居的门铃，对他们说，每个月只需付给他一美元，他就每天早上把报纸塞到他们的房门底下。大多数人都同意了，很快他有//了七十多个顾客。一个月后，当他拿到自己赚的钱时，觉得自己简直是飞上了天。

很快他又有了新的机会，他让他的顾客每天把垃圾袋放在门前，然后由他早上运到垃圾桶里，每个月加一美元。之后他还想出了许多孩子赚钱的办法，并把它集结成书，书名为《儿童挣钱的二百五十个主意》。为此，达瑞十二岁时就成了畅销书作家，十五岁有了自己的谈话节目，十七岁就拥有了几百万美元。

——节选自［德］博多·舍费尔《达瑞的故事》，刘志明译

语音提示：

1. 汽水 qìshuǐr　2. 别人 bié · rén　3. 篱笆 lí · ba　4. 塞 sāi
5. 舒舒服服（书面语 shūshū－fúfú 口语 shūshū－fūfū）
6. 当天 dàngtiān

作品 5 号

这是入冬以来，胶东半岛上第一场雪。

雪纷纷扬扬，下得很大。开始还伴着一阵儿小雨，不久就只见大片大片的雪花，从彤云密布的天空中飘落下来。地面上一会儿就白了。冬天的山村，到了夜里就万籁俱寂，只听得雪花簌簌地不断往下落，树木的枯枝被雪压断了，偶尔咯吱一声响。

大雪整整下了一夜。今天早晨，天放晴了，太阳出来了。推开门一看，嗬！好大的雪啊！山川、河流、树木、房屋，全都罩上了一层厚厚的雪，万里江山，变成了粉妆玉砌的世界。落光了叶子的柳树上挂满了毛茸茸亮晶晶的银条儿；而那些冬夏常青的松树和柏树上，则挂满了蓬松松沉甸甸的雪球儿。一阵风吹来，树枝轻轻地摇晃，美丽的银条儿和雪球儿簌簌地落下来，玉屑似的雪末儿随风飘扬，映着清晨的阳光，显出一道道五光十色的彩虹。

大街上的积雪足有一尺多深，人踩上去，脚底下发出咯吱咯吱的响声。一群群孩子在雪地里堆雪人，掷雪球儿。那欢乐的叫喊声，把树枝上的雪都震落下来了。

俗话说，“瑞雪兆丰年”。这个话有充分的科学根据，并不是一句迷信的成语。寒冬大雪，可以冻死一部分越冬的害虫；融化了的水渗进土层深处，又能供应//庄稼生长的需要。我相信这一场十分及时的大雪，一定会促进明年春季作物，尤其是小麦的丰收。有经验的老农把雪比做是“麦子的棉被”。冬天“棉被”盖得越厚，明春麦子就长得越好，所以又有这样一句谚语：冬天麦盖三层被，来年枕着馒头睡。

我想，这就是人们为什么把及时的大雪称为“瑞雪”的道理吧。

——节选自峻青《第一场雪》

语音提示：

1. 簌簌　sùsù
2. 咯吱　gēzhī
3. 毛茸茸　máorōngrōng
4. 柏树　bǎishù
5. 沉甸甸　chéndiàndiàn
6. 玉屑　yùxiè
7. 渗　shèn
8. 供应　gōngyìng

作品6号

我常想读书人是世间幸福人，因为他除了拥有现实的世界之外，还拥有另一个更为浩瀚也更为丰富的世界。现实的世界是人人都有的，而后一个世界却为读书人所独有。由此我想，那些失去或不能阅读的人是多么的不幸，他们的丧失是不可补偿的。世间有诸多的不平等，财富的不平等，权力的不平等，而阅读能力的拥有或丧失却体现为精神的不平等。

一个人的一生，只能经历自己拥有的那一份欣悦，那一份苦难，也许再加上他亲自闻知的那一些关于自身以外的经历和经验。然而，人们通过阅读，却能进入不同时空的诸多他人的世界。这样，具有阅读能力的人，无形间获得了超越有限生命的无限可能性。阅读不仅使他多识了草木虫鱼之名，而且可以上溯远古下及未来，饱览存在的与非存在的奇风异俗。

更为重要的是，读书加惠于人们的不仅是知识的增广，而且还在于精神的感化与陶冶。人们从读书学做人，从那些往哲先贤以及当代才俊的著述中学得他们的人格。人们从《论语》中学得智慧的思考，从《史记》中学得严肃的历史精神，从《正气歌》中学得人格的刚烈，从马克思学得人世//的激情，从鲁迅学得批判精神，从托尔斯泰学得道德的执著。歌德的诗句刻写着睿智的人生，拜伦的诗句呼唤着奋斗的热情。一个读书人，一个有机会拥有超乎个人生命体验的幸运人。

——节选自谢冕《读书人是幸福人》

语音提示：

1. 浩瀚　hàohàn　　2. 为　wéi　　3. 精神　jīngshén　　4. 上溯　shàngsù
5. 学得　xuédé　　6.《论语》　lúnyǔ

作品 7 号

一天，爸爸下班回到家已经很晚了，他很累也有点儿烦，他发现五岁的儿子靠在门旁正等着他。

“爸，我可以问您一个问题吗？”

“什么问题？”“爸，您一小时可以赚多少钱？”“这与你无关，你为什么问这个问题？”父亲生气地说。

“我只是想知道，请告诉我，您一小时赚多少钱？”小孩儿哀求道。“假如你一定要知道的话，我一小时赚二十美金。”

“哦，”小孩儿低下了头，接着又说，“爸，可以借我十美金吗？”父亲发怒了：“如果你只是要借钱去买毫无意义的玩具的话，给我回到你的房间睡觉去。好好想想为什么你会那么自私。我每天辛苦工作，没时间和你玩儿小孩子的游戏。”

小孩儿默默地回到自己的房间关上门。

父亲坐下来还在生气。后来，他平静下来了。心想他可能对孩子太凶了——或许孩子真的很想买什么东西，再说他平时很少要过钱。

父亲走进孩子的房间：“你睡了吗？”“爸，还没有，我还醒着。”孩子回答。

“我刚才可能对你太凶了，”父亲说，“我不应该发那么大的火儿——这是你要的十美金。”“爸，谢谢您。”孩子高兴地从枕头下拿出一些被弄皱的钞票，慢慢地数着。

“为什么你已经有钱了还要？”父亲不解地问。

“因为原来不够，但现在凑够了。”孩子回答：“爸，我现在有//二十美金了，

我可以向您买一个小时的时间吗？明天请早一点儿回家——我想和您一起吃晚餐。”

——节选自唐继柳编译《二十美金的价值》

语音提示：

弄皱　nòngzhòu

作品8号

我爱月夜，但我也爱星天。从前在家乡七八月的夜晚在庭院里纳凉的时候，我最爱看天上密密麻麻的繁星。望着星天，我就会忘记一切，仿佛回到了母亲的怀里似的。

三年前在南京我住的地方有一道后门，每晚我打开后门，便看见一个静寂的夜。下面是一片菜园，上面是星群密布的蓝天。星光在我们的肉眼里虽然微小，然而它使我们觉得光明无处不在。那时候我正在读一些天文学的书，也认得一些星星，好像它们就是我的朋友，它们常常在和我谈话一样。

如今在海上，每晚和繁星相对，我把它们认得很熟了。我躺在舱面上，仰望天空。深蓝色的天空里悬着无数半明半昧的星。船在动，星也在动，它们是这样低，真是摇摇欲坠呢！渐渐地我的眼睛模糊了，我好像看见无数萤火虫在我的周围飞舞。海上的夜是柔和的，是静寂的，是梦幻的。我望着许多认识的星，我仿佛看见它们在对我眨眼，我仿佛听见它们在小声说话。这时我忘记了一切。在星的怀抱中我微笑着，我沉睡着。我觉得自己是一个小孩子，现在睡在母亲的怀里了。

有一夜，那个在哥伦波上船的英国人指给我看天上的巨人。他用手指着：//那四颗明亮的星是头，下面的几颗是身子，这几颗是手，那几颗是腿和脚，还有三颗星算是腰带。经他这一番指点，我果然看清楚了那个天上的巨人。看，那个巨人还在跑呢！

——节选自巴金《繁星》

语音提示：

1. 熟 shú　　2. 半昧 bànmèi

作品9号

假日到河滩上转转，看见许多孩子在放风筝。一根根长长的引线，一头系在天上，一头系在地上，孩子同风筝都在天与地之间悠荡，连心也被悠荡得恍恍惚惚了，好像又回到了童年。

儿时的放风筝，大多是自己的长辈或家人编扎的，几根削得很薄的篾，用细纱线扎成各种鸟兽的造型，糊上雪白的纸片，再用彩笔勾勒出面孔与翅膀的图案。通常扎得最多的是“老雕”“美人儿”“花蝴蝶”等。

我们家前院就有位叔叔，擅扎风筝，远近闻名。他扎得风筝不只体型好看，色彩艳丽，放飞得高远，还在风筝上绷一叶用蒲苇削成的膜片，经风一吹，发出“嗡嗡”的声响，仿佛是风筝的歌唱，在蓝天下播扬，给开阔的天地增添了无尽的韵味，给驰荡的童心带来几分疯狂。

我们那条胡同的左邻右舍的孩子们放的风筝几乎都是叔叔编扎的。他的风筝不卖钱，谁上门去要，就给谁，他乐意自己贴钱买材料。

后来，这位叔叔去了海外，放风筝也渐与孩子们远离了。不过年年叔叔给家乡写信，总不忘提起儿时的放风筝。香港回归之后，他在家信中说到，他这只被故乡放飞到海外的风筝，尽管飘荡游弋，经沐风雨，可那线头儿一直在故乡和//亲人手中牵着，如今飘得太累了，也该要回归到家乡和亲人身边来了。

是的。我想，不光是叔叔，我们每个人都是风筝，在妈妈手中牵着，从小放到大，再从家乡放到祖国最需要的地方去啊！

——节选自李恒瑞《风筝畅想曲》

语音提示：

1. 一头 yītóur	2. 系 jì	3. 编扎 biānzā	4. 削 xiāo
5. 薄 báo	6. 篾 miè	7. 绷 bēng	8. 蒲苇 púwěi
9. 胡同 hútòngr	10. 游弋 yóuyì		

作品 10 号

爸不懂得怎样表达爱，使我们一家人融洽相处的是我妈。他只是每天上班下班，而妈则把我们做过的错事开列清单，然后由他来责骂我们。

有一次我偷了一块糖果，他要我把它送回去，告诉卖糖的说是我偷来的，说我愿意替他拆箱卸货作为赔偿。但妈妈却明白我只是个孩子。

我在运动场打秋千跌断了腿，在前往医院途中一直抱着我的，是我妈。爸把汽车停在急诊室门口，他们叫他驶开，说那空位是留给紧急车辆停放的。爸听了便叫嚷道："你以为这是什么车？旅游车？"

在我生日会上，爸总是显得有些不大相称。他只是忙于吹气球，布置餐桌，做杂务。把插着蜡烛的蛋糕推过来让我吹的，是我妈。

我翻阅照相册时，人们总是问："你爸爸是什么样子的？"天晓得！他老是忙着替别人拍照。妈和我笑容可掬地一起拍的照片，多得不可胜数。

我记得妈有一次叫他教我骑自行车。我叫他别放手，但他却说是应该放手的时候了。我摔倒之后，妈跑过来扶我，爸却挥手要她走开。我当时生气极了，决心要给他点儿颜色看。于是我马上爬上自行车，而且自己骑给他看。他只是微笑。

我念大学时，所有的家信都是妈写的。他//除了寄支票外，还寄过一封短柬给我，说因为我不在草坪上踢足球了，所以他的草坪长得很美。

我从小到大都听他说："你到哪里去？什么时候回家？汽车有没有汽油？不，不准去。"爸完全不知道怎样表达爱。除非……

会不会是他已经表达了，而我却未能察觉？

——节选自［美］艾尔玛·邦贝克《父亲的爱》

语音提示：

1. 空位 kòngwèi　　2. 相称 xiāngchèn　　3. 不可胜数 bùkě－shèngshǔ

作品 11 号

一个大问题一直盘踞在我脑袋里：

世界杯怎么会有如此巨大的吸引力？除去足球本身的魅力之外，还有什么超乎其上而更伟大的东西？

近来观看世界杯，忽然从中得到了答案：是由于一种无上崇高的精神情感——国家荣誉感！

地球上的人都会有国家的概念，但未必时时都有国家的感情。往往人到异国，思念家乡，心怀故国，这国家概念就变得有血有肉，爱国之情来得非常具体。而现代社会，科技昌达，信息快捷，事事上网，世界真是太小太小，国家的界限似乎也不那么清晰了。再说足球正在快速世界化，平日里各国球员频繁转会，往来随意，致使越来越多的国家联赛都具有国际的因素。球员们不论国籍，只效力于自己的俱乐部，他们比赛时的激情中完全没有爱国主义的因子。

然而，到了世界杯大赛，天下大变。各国球员都回国效力，穿上与光荣的国旗同样色彩的服装。在每一场比赛前，还高唱国歌以宣誓对自己祖国的挚爱与忠诚。一种血缘情感开始在全身的血管里燃烧起来，而且立刻热血沸腾。

在历史时代，国家间经常发生对抗，好男儿戎装卫国。国家的荣誉往往需要以自己的生命去//换取。但在和平时代，唯有这种国家之间大规模对抗性的大赛，才可以唤起那种遥远而神圣的情感，那就是：为祖国而战！

——节选自冯骥才《国家荣誉感》

语音提示：

1. 血　xiě　　2. 因子　yīnzǐ　　3. 血缘　xuèyuán　　4. 热血　rèxuè
5. 戎装　róngzhuāng

作品 12 号

夕阳落山不久，西方的天空，还燃烧着一片橘红色的晚霞。大海，也被这霞光染成了红色，而且比天空的景色更要壮观。因为它是活动的，每当一排排波浪涌起的时候，那映照在浪峰上的霞光，又红又亮，简直就像一片片霍霍燃烧着的火焰，闪烁着，消失了。而后面的一排，又闪烁着，滚动着，涌了过来。

天空的霞光渐渐地淡下去了，深红的颜色变成了绯红，绯红又变为浅红。最后，当这一切红光都消失了的时候，那突然显得高而远了的天空，则呈现出一片肃穆的神色。最早出现的启明星，在这蓝色的天幕上闪烁起来了。它是那么大，那么亮，整个广漠的天幕上只有它在那里放射着令人注目的光辉，活像一盏悬挂在高空的明灯。

夜色加浓，苍空中的"明灯"越来越多了。而城市各处的真的灯火也次第亮了起来，尤其是围绕在海港周围山坡上的那一片灯光，从半空倒映在乌蓝的海面上，随着波浪，晃动着，闪烁着，像一串流动着的珍珠，和那一片片密布在苍穹里的星斗互相辉映，煞是好看。

在这幽美的夜色中，我踏着软绵绵的沙滩，沿着海边，慢慢地向前走去。海水，轻轻地抚摸着细软的沙滩，发出温柔的//刷刷声。晚来的海风，清新而又凉爽。我的心里，有着说不出的兴奋和愉快。

夜风轻飘飘地吹拂着，空气中飘荡着一种大海和田禾相混合的香味儿，柔软的沙滩上还残留着白天太阳炙晒的余温。那些在各个工作岗位上劳动了一天的人们，三三两两地来到这软绵绵的沙滩上，他们浴着凉爽的海风，望着那缀满了星星的夜空，尽情地说笑，尽情地休憩。

——节选自峻青《海滨仲夏夜》

语音提示：

1. 绯红 fēihóng　2. 倒映 dàoyìng　3. 晃动 huàngdòng
4. 苍穹 cāngqióng　5. 煞 shà

作品 13 号

生命在海洋里诞生绝不是偶然的，海洋的物理和化学性质，使它成为孕育原始生命的摇篮。

我们知道，水是生物的重要组成部分，许多动物组织的含水量在百分之八十以上，而一些海洋生物的含水量高达百分之九十五。水是新陈代谢的重要媒介，没有它，体内的一系列生理和生物化学反应就无法进行，生命也就停止。因此，在短时期内动物缺水要比缺少食物更加危险。水对今天的生命是如此重要，它对脆弱的原始生命，更是举足轻重了。生命在海洋里诞生，就不会有缺水之忧。

水是一种良好的溶剂。海洋中含有许多生命所必需的无机盐，如氯化钠、氯化钾、碳酸盐、磷酸盐，还有溶解氧，原始生命可以毫不费力地从中吸取它所需要的元素。

水具有很高的热容量，加之海洋浩大，任凭夏季烈日曝晒，冬季寒风扫荡，它的温度变化却比较小。因此，巨大的海洋就像是天然的“温箱”，是孕育原始生命的温床。

阳光虽然为生命所必需，但是阳光中的紫外线却有扼杀原始生命的危险。水能有效地吸收紫外线，因而又为原始生命提供了天然的“屏障”。

这一切都是原始生命得以产生和发展的必要条件。//

——节选自童裳亮《海洋与生命》

语音提示：

1. 百分　bǎifēn　　2. 氯化钠　lǜhuànà　　3. 曝晒　pùshài　　4. 为　wéi
5. 扼杀　èshā

作品 14 号

读小学的时候，我的外祖母去世了。外祖母生前最疼爱我，我无法排除自己的忧伤，每天在学校的操场上一圈儿又一圈儿地跑着，跑得累倒在地上，扑在草坪上痛哭。

那哀痛的日子，断断续续地持续了很久，爸爸妈妈也不知道如何安慰我。他们知道与其骗我说外祖母睡着了，还不如对我说实话：外祖母永远不会回来了。

“什么是永远不会回来呢?”我问着。

“所有时间里的事物，都永远不会回来。你的昨天过去，它就永远变成昨天，你不能再回到昨天。爸爸以前也和你一样小，现在也不能回到你这么小的童年了；有一天你会长大，你会像外祖母一样老；有一天你度过了你的时间，就永远不会回来了。”爸爸说。

爸爸等于给我一个谜语，这谜语比课本上的“日历挂在墙壁，一天撕去一页，使我心里着急”和“一寸光阴一寸金，寸金难买寸光阴”还让我感到可怕；也比作文本上的“光阴似箭，日月如梭”更让我觉得有一种说不出的滋味。

时间过得那么飞快，使我的小心眼儿里不只是着急，还有悲伤。有一天我放学回家，看到太阳快落山了，就下决心说：“我要比太阳更快地回家。”我狂奔回去，站在庭院前喘气的时候，看到太阳//还露着半边脸，我高兴地跳跃起来，那一天我跑赢了太阳。以后我就时常做那样的游戏，有时和太阳赛跑，有时和西北风比快，有时一个暑假才能做完的作业，我十天就做完了；那时我三年级，常常把哥哥五年级的作业拿来做。每一次比赛胜过时间，我就快乐得不知道怎么形容。

如果将来我有什么要教给我的孩子，我会告诉他：假若你一直和时间比赛，你就可以成功！

——节选自林清玄《和时间赛跑》

语音提示：

1. 与其 yǔqí　　　　2. 着急 zháojí

作品 15 号

三十年代初，胡适在北京大学任教授。讲课时他常常对白话文大加称赞，引起一些只喜欢文言文而不喜欢白话文的学生的不满。

一次，胡适正讲得得意的时候，一位姓魏的学生突然站了起来，生气地问："胡先生，难道说白话文就毫无缺点吗？"胡适微笑着回答说："没有。"那位学生更加激动了："肯定有！白话文废话太多，打电报用字多，花钱多。"胡适的目光顿时变亮了。轻声地解释说："不一定吧！前几天有位朋友给我打来电报，请我去政府部门工作，我决定不去，就回电拒绝了。复电是用白话写的，看来也很省字。请同学们根据我这个意思，用文言文写一个回电，看看究竟是白话文省字，还是文言文省字？"胡教授刚说完，同学们立刻认真地写了起来。

十五分钟过去，胡适让同学举手，报告用字的数目，然后挑了一份用字最少的文言电报稿，电文是这样写的：

"才疏学浅，恐难胜任，不堪从命。"白话文的意思是：学问不深，恐怕很难担任这个工作，不能服从安排。

胡适说，这份写得确实不错，仅用了十二个字。但我的白话电报却只用了五个字：

"干不了，谢谢！"

胡适又解释说："干不了"就有才疏学浅、恐难胜任的意思；"谢谢"既//对朋友的介绍表示感谢，又有拒绝的意思。所以，废话多不多，并不看它是文言文还是白话文，只要注意选用字词，白话文是可以比文言文更省字的。

——节选自陈灼主编《实用汉语中级教程》（上）中的《胡适的白话电报》

作品 16 号

很久以前，在一个漆黑的秋天的夜晚，我泛舟在西伯利亚一条阴森森的河上。船到一个转弯处，只见前面黑黢黢的山峰下面一星火光蓦地一闪。

火光又明又亮，好像就在眼前……

“好啦，谢天谢地！”我高兴地说，“马上就到过夜的地方啦！”

船夫扭头朝身后的火光望了一眼，又不以为然地划起桨来。

“远着呢！”

我不相信他的话，因为火光冲破朦胧的夜色，明明在那儿闪烁。不过船夫是对的，事实上，火光的确还远着呢。

这些黑夜的火光的特点是：驱散黑暗，闪闪发亮，近在眼前，令人神往。乍一看，再划几下就到了……其实却还远着呢！……

我们在漆黑如墨的河上又划了很久。一个个峡谷和悬崖，迎面驶来，又向后移去，仿佛消失在茫茫的远方，而火光却依然停在前头，闪闪发亮，令人神往——依然是这么近，又依然是那么远……

现在，无论是这条被悬崖峭壁的阴影笼罩的漆黑的河流，还是那一星明亮的火光，都经常浮现在我的脑际，在这以前和在这以后，曾有许多火光，似乎近在咫尺，不止使我一人心驰神往。可是生活之河却仍然在那阴森森的两岸之间流着，而火光也依旧非常遥远。因此，必须加劲划桨……

然而，火光啊……毕竟……毕竟就//在前头！……

——节选自［俄］柯罗连科《火光》，张铁夫译

语音提示：

1. 黑黢黢 hēiqūqū　2. 蓦地 mòdì　3. 那儿 nàr　4. 乍 zhà
5. 咫尺 zhǐchǐ

作品 17 号

对于一个在北平住惯的人，像我，冬天要是不刮风，便觉得是奇迹；济南的冬天是没有风声的。对于一个刚由伦敦回来的人，像我，冬天要能看得见日光，便觉得是怪事；济南的冬天是响晴的。自然，在热带的地方，日光永远是那么毒，响亮的天气，反有点儿叫人害怕。可是，在北方的冬天，而能有温晴的天气，济南真得算个宝地。

设若单单是有阳光，那也算不了出奇。请闭上眼睛想：一个老城，有山有水，全在天底下晒着阳光，暖和安适地睡着，只等春风来把它们唤醒，这是不是理想的境界？小山把济南围了个圈儿，只有北边缺着点口儿。这一圈小山在冬天特别可爱，好像是把济南放在一个小摇篮里，它们安静不动地低声地说："你们放心吧，这儿准保暖和。"真的，济南的人们在冬天是面上含笑的。他们一看那些小山，心中便觉得有了着落，有了依靠。他们由天上看到山上，便不知不觉地想起：明天也许就是春天了吧？这样的温暖，今天夜里山草也许就绿起来了吧？就是这点儿幻想不能一时实现，他们也并不着急，因为这样慈善的冬天，干什么还希望别的呢！

最妙的是下点儿小雪呀。看吧，山上的矮松越发的青黑，树尖儿上顶//着一髻儿白花，好像日本看护妇。山尖儿全白了，给蓝天镶上一道银边。山坡上，有的地方雪厚点儿，有的地方草色还露着；这样，一道儿白，一道儿暗黄，给山们穿上一件带水纹儿的花衣；看着看着，这件花衣好像被风儿吹动，叫你希望看见一点儿更美的山的肌肤。等到快日落的时候，微黄的阳光斜射在山腰上，那点儿薄雪好像忽然害羞，微微露出点儿粉色。就是下小雪吧，济南是受不住大雪的，那些小山太秀气。

——节选自老舍《济南的冬天》

语音提示：

1. 济南 jǐnán　2. 真得 zhēnděi　3. 暖和 nuǎnhuo　4. 点 diǎnr
5. 着落 zhuóluò　6. 着急 zháojí

作品 18 号

纯朴的家乡村边有一条河，曲曲弯弯，河中架一弯石桥，弓样的小桥横跨两岸。

每天，不管是鸡鸣晓月，日丽中天，还是月华泻地，小桥都印下串串足迹，洒落串串汗珠。那是乡亲为了追求多棱的希望，兑现美好的遐想。弯弯小桥，不时荡过轻吟低唱，不时露出舒心的笑容。

因而，我稚小的心灵，曾将心声献给小桥：你是一弯银色的新月，给人间普照光辉；你是一把闪亮的镰刀，割刈着欢笑的花果；你是一根晃悠悠的扁担，挑起了彩色的明天！哦，小桥走进我的梦中。

我在飘泊他乡的岁月，心中总涌动着故乡的河水，梦中总看到弓样的小桥。当我访南疆探北国，眼帘闯进座座雄伟的长桥时，我的梦变得丰满了，增添了赤橙黄绿青蓝紫。

三十多年过去，我带着满头霜花回到故乡，第一紧要的便是去看望小桥。

啊！小桥呢？它躲起来了？河中一道长虹，浴着朝霞熠熠闪光。哦，雄浑的大桥敞开胸怀，汽车的呼啸、摩托的笛音、自行车的叮铃，合奏着进行交响乐；南来的钢筋、花布，北往的柑橙、家禽，绘出交流欢悦图……

啊！蜕变的桥，传递了家乡进步的消息，透露了家乡富裕的声音。时代的春风，美好的追求，我蓦地记起儿时唱//给小桥的歌，哦，明艳艳的太阳照耀了，芳香甜蜜的花果捧来了，五彩斑斓的岁月拉开了！

我心中涌动的河水，激荡起甜美的浪花。我仰望一碧蓝天，心底轻声呼喊：家乡的桥啊，我梦中的桥！

——节选自郑莹《家乡的桥》

语音提示：

1. 多棱 duōléng　2. 兑现 duìxiàn　3. 露出 lùchū　4. 割刈 gēyì
5. 晃悠悠 huàngyōuyōu　6. 熠熠 yìyì　7. 蜕变 tuìbiàn　8. 蓦地 mòdì

作品 19 号

三百多年前，建筑设计师莱伊恩受命设计了英国温泽市政府大厅。他运用工程力学的知识，依据自己多年的实践，巧妙地设计了只用一根柱子支撑的大厅天花板。一年以后，市政府权威人士进行工程验收时，却说只用一根柱子支撑天花板太危险，要求莱伊恩再多加几根柱子。

莱伊恩自信只要一根坚固的柱子足以保证大厅安全，他的“固执”惹恼了市政官员，险些被送上法庭。他非常苦恼，坚持自己原先的主张吧，市政官员肯定会另找人修改设计；不坚持吧，又有悖自己为人的准则。矛盾了很长一段时间，莱伊恩终于想出了一条妙计，他在大厅里增加了四根柱子，不过这些柱子并未与天花板接触，只不过是装装样子。

三百多年过去了，这个秘密始终没有被人发现。直到前两年，市政府准备修缮大厅的天花板，才发现莱伊恩当年的“弄虚作假”。消息传出后，世界各国的建筑专家和游客云集，当地政府对此也不加掩饰，在新世纪到来之际，特意将大厅作为一个旅游景点对外开放，旨在引导人们崇尚和相信科学。

作为一名建筑师，莱伊恩并不是最出色的。但作为一个人，他无疑非常伟大，这种∥伟大表现在他始终恪守着自己的原则，给高贵的心灵一个美丽的住所：哪怕是遭遇到最大的阻力，也要想办法抵达胜利。

——节选自游宇明《坚守你的高贵》

语音提示：

1. 有悖 yǒubèi　2. 为人 wéirén　3. 修缮 xiūshàn

作品 20 号

自从传言有人在萨文河畔散步时无意发现了金子后，这里便常有来自四面八方的淘金者。他们都想成为富翁，于是寻遍了整个河床，还在河床上挖出很多大坑，希望借助它们找到更多的金子。的确，有一些人找到了，但另外一些人因为一无所得而只好扫兴归去。

也有不甘心落空的，便驻扎在这里，继续寻找。彼得·弗雷特就是其中一员。他在河床附近买了一块没人要的土地，一个人默默地工作。他为了找金子，已把所有的钱都押在这块土地上。他埋头苦干了几个月，直到土地全变成了坑坑洼洼，他失望了——他翻遍了整块土地，但连一丁点儿金子都没看见。

六个月后，他连买面包的钱都没有了。于是他准备离开这儿到别处去谋生。

就在他即将离去的前一个晚上，天下起了倾盆大雨，并且一下就是三天三夜。雨终于停了，彼得走出小木屋，发现眼前的土地看上去好像和以前不一样：坑坑洼洼已被大水冲刷平整，松软的土地上长出一层绿茸茸的小草。

“这里没找到金子，”彼得忽有所悟地说，“但这土地很肥沃，我可以用来种花，并且拿到镇上去卖给那些富人，他们一定会买些花装扮他们华丽的客//厅。如果真是这样的话，那么我一定会赚许多钱，有朝一日我也会成为富人……”

于是他留了下来。彼得花了不少精力培育花苗，不久田地里长满了美丽娇艳的各色鲜花。

五年以后，彼得终于实现了他的梦想——成了一个富翁。“我是唯一的一个找到真金的人！”他时常不无骄傲地告诉别人，“别人在这儿找不到金子后便远远地离开，而我的‘金子’是在这块土地里，只有诚实的人用勤劳才能采集到。”

——节选自陶猛译《金子》

语音提示：

1. 河畔 hépàn 2. 驻扎 zhùzhā 3. 即将 jíjiāng 4. 倾盆 qīngpén
5. 绿茸茸 lǜróngróng

作品 21 号

我在加拿大学习期间遇到过两次募捐，那情景至今使我难以忘怀。

一天，我在渥太华的街上被两个男孩子拦住去路。他们十来岁，穿得整整齐齐，每人头上戴着个做工精巧、色彩鲜艳的纸帽，上面写着“为帮助患小儿麻痹的伙伴募捐。”其中的一个，不由分说就坐在小凳上给我擦起皮鞋来，另一个则彬彬有礼地发问：“小姐，您是哪国人？喜欢渥太华吗？”“小姐，在你们国家有没有小孩儿患小儿麻痹？谁给他们医疗费？”一连串的问题，使我这个有生以来头一次在众目睽睽之下让别人擦鞋的异乡人，从近乎狼狈的窘态中解脱出来。我们像朋友一样聊起天儿来……

几个月之后，也是在街上。一些十字路口处或车站坐着几位老人。他们满头银发，身穿各种老式军装，上面布满了大大小小形形色色的徽章、奖章，每人手捧一大束鲜花，有水仙、石竹、玫瑰及叫不出名字的，一色雪白。匆匆过往的行人纷纷止步，把钱投进这些老人身旁的白色木箱内，然后向他们微微鞠躬，从他们手中接过一朵花。我看了一会儿，有人投一两元，有人投几百元，还有人掏出支票填好后投进木箱。那些老军人毫不注意人们捐多少钱，一直不//停地向人们低声道谢。同行的朋友告诉我，这是为纪念二次大战中参战的勇士，募捐救济残废军人和烈士遗孀，每年一次；认捐的人可谓踊跃，而且秩序井然，气氛庄严。有些地方，人们还耐心地排着队。我想，这是因为他们都知道：正是这些老人们的流血牺牲换来了包括他们信仰自由在内的许许多多。

我两次把那微不足道的一点儿钱捧给他们，只想对他们说声“谢谢”。

——节选自青白《捐诚》

语音提示：

1. 渥太华 Wòtàihuá 2. 谁 shéi 3. 睽睽 kuíkuí 4. 窘态 jiǒngtài
5. 玫瑰 méi·guī

作品 22 号

没有一片绿叶，没有一缕炊烟，没有一粒泥土，没有一丝花香，只有水的世界，云的海洋。

一阵台风袭过，一只孤单的小鸟无家可归，落到被卷到洋里的木板上，乘流而下，姗姗而来，近了，近了！……

忽然，小鸟张开翅膀，在人们头顶盘旋了几圈儿，"噗啦"一声落到了船上。许是累了？还是发现了"新大陆"？水手撵它它不走，抓它，它乖乖地落在掌心。可爱的小鸟和善良的水手结成了朋友。

瞧，它多美丽，娇巧的小嘴，啄理着绿色的羽毛，鸭子样的扁脚，呈现出春草的鹅黄。水手们把它带到舱里，给它"搭铺"，让它在船上安家落户，每天，把分到的一塑料筒淡水匀给它喝，把从祖国带来的鲜美的鱼肉分给它吃，天长日久，小鸟和水手的感情日趋笃厚。清晨，当第一束阳光射进舷窗时，它便敞开美丽的歌喉，唱啊唱，嘤嘤有韵，宛如春水淙淙。人类给它以生命，它毫不悭吝地把自己的艺术青春奉献给了哺育它的人。可能都是这样？艺术家们的青春只会献给尊敬他们的人。

小鸟给远航生活蒙上了一层浪漫色调。返航时，人们爱不释手，恋恋不舍地想把它带到异乡。可小鸟憔悴了，给水，不喝！喂肉，不吃！油亮的羽毛失去了光泽。是啊，我//们有自己的祖国，小鸟也有它的归宿，人和动物都是一样啊，哪儿也不如故乡好！

——节选自王文杰《可爱的小鸟》

语音提示：

1. 乘 chéng　2. 姗姗 shānshān　3. 噗啦 pūlā　4. 结 jié
5. 搭铺 dāpù　6. 笃厚 dǔhòu　7. 舷窗 xiánchuāng　8. 淙淙 cóngcóng
9. 悭吝 qiānlìn

作品 23 号

纽约的冬天常有大风雪，扑面的雪花不但令人难以睁开眼睛，甚至呼吸都会吸入冰冷的雪花。有时前一天晚上还是一片晴朗，第二天拉开窗帘，却已经积雪盈尺，连门都推不开了。

遇到这样的情况，公司、商店常会停止上班，学校也通过广播，宣布停课。但令人不解的是，唯有公立小学，仍然开放。只见黄色的校车，艰难地在路边接孩子，老师则一大早就口中喷着热气，铲去车子前后的积雪，小心翼翼地开车去学校。

据统计，十年来纽约的公立小学只因为超级暴风雪停过七次课。这是多么令人惊讶的事。犯得着在大人都无须上班的时候让孩子去学校吗？小学的老师也太倒霉了吧？

于是，每逢大雪而小学不停课时，都有家长打电话去骂。妙的是，每个打电话的人，反应全一样——先是怒气冲冲地责问，然后满口道歉，最后笑容满面地挂上电话。原因是，学校告诉家长：

在纽约有许多百万富翁，但也有不少贫困的家庭。后者白天开不起暖气，供不起午餐，孩子的营养全靠学校里免费的中饭，甚至可以多拿些回家当晚餐。学校停课一天，穷孩子就受一天冻，挨一天饿，所以老师们宁愿自己苦一点儿，也不能停课。//

或许有家长会说：何不让富裕的孩子在家里，让贫穷的孩子去学校享受暖气和营养午餐呢？

学校的答复是：我们不愿让那些穷苦的孩子感到他们是在接受救济，因为施舍的最高原则是保持受施者的尊严。

——节选自刘墉《课不能停》

语音提示：

1. 供　gōng　　2. 当　dàng　　3. 挨　ái　　4. 宁愿　nìngyuàn

作品 24 号

十年，在历史上不过是一瞬间。只要稍加注意，人们就会发现：在这一瞬间里，各种事物都悄悄经历了自己的千变万化。

这次重新访日，我处处感到亲切和熟悉，也在许多方面发觉了日本的变化。就拿奈良的一个角落来说吧，我重游了为之感受很深的唐招提寺，在寺内各处匆匆走了一遍，庭院依旧，但意想不到还看到了一些新的东西。其中之一，就是近几年从中国移植来的“友谊之莲”。

在存放鉴真遗像的那个院子里，几株中国莲昂然挺立，翠绿的宽大荷叶正迎风而舞，显得十分愉快。开花的季节已过，荷花朵朵已变为莲蓬累累。莲子的颜色正在由青转紫，看来已经成熟了。

我禁不住想：“因”已转化为“果”。

中国的莲花开在日本，日本的樱花开在中国，这不是偶然。我希望这样一种盛况延续不衰。可能有人不欣赏花，但决不会有人欣赏落在自己面前的炮弹。

在这些日子里，我看到了不少多年不见的老朋友，又结识了一些新朋友。大家喜欢涉及的话题之一，就是古长安和古奈良。那还用得着问吗，朋友们缅怀过去，正是瞩望未来。瞩目于未来的人们必将获得未来。

我不例外，也希望一个美好的未来。

为//了中日人民之间的友谊，我将不浪费今后生命的每一瞬间。

——节选自严文井《莲花和樱花》

语音提示：

1. 为　wéi　　2. 友谊　yǒuyì　　3. 累累　léiléi　　4. 莲子　liánzǐ
5. 结识　jiéshí　　6. 瞩望　zhǔwàng

作品 25 号

梅雨潭闪闪的绿色招引着我们，我们开始追捉她那离合的神光了。揪着草，攀着乱石，小心探身下去，又鞠躬过了一个石穹门，便到了汪汪一碧的潭边了。

瀑布在襟袖之间，但是我的心中已没有瀑布了。我的心随潭水的绿而摇荡。那醉人的绿呀！仿佛一张极大极大的荷叶铺着，满是奇异的绿呀。我想张开两臂抱住她，但这是怎样一个妄想啊。

站在水边，望到那面，居然觉着有些远呢！这平铺着、厚积着的绿，着实可爱。她松松地皱缬着，像少妇拖着的裙幅；她滑滑的明亮着，像涂了"明油"一般，有鸡蛋清那样软，那样嫩；她又不杂些尘滓，宛然一块温润的碧玉，只清清的一色——但你却看不透她！

我曾见过北京什刹海拂地的绿杨，脱不了鹅黄的底子，似乎太淡了。我又曾见过杭州虎跑寺近旁高峻而深密的"绿壁"，丛叠着无穷的碧草与绿叶的，那又似乎太浓了。其余呢，西湖的波太明了，秦淮河的也太暗了。可爱的，我将什么来比拟你呢？我怎么比拟得出呢？大约潭是很深的，故能蕴蓄着这样奇异的绿；仿佛蔚蓝的天融了一块在里面似的，这才这般的鲜润啊。

那醉人的绿呀！我若能裁你以为带，我将赠给那轻盈的//舞女，她必能临风飘举了。我若能挹你以为眼，我将赠给那善歌的盲妹，她必明眸善睐了。我舍不得你，我怎舍得你呢？我用手拍着你，抚摩着你，如同一个十二三岁的小姑娘。我又掬你入口，便是吻着她了。我送你一个名字，我从此叫你"女儿绿"，好吗？

第二次到仙岩的时候，我不禁惊诧于梅雨潭的绿了。

——节选自朱自清《绿》

语音提示：

1. 石穹 shíqióng 2. 着实 zhuóshí 3. 皱缬 zhòuxié 4. 尘滓 chénzǐ
5. 什刹海 Shíchàhǎi 6. 虎跑寺 Hǔpáosì 7. 蕴蓄 yùnxù

作品 26 号

我们家的后园有半亩空地，母亲说："让它荒着怪可惜的，你们那么爱吃花生，就开辟出来种花生吧。"我们姐弟几个都很高兴，买种，翻地，播种，浇水，没过几个月，居然收获了。

母亲说："今晚我们过一个收获节，请你们父亲也来尝尝我们的新花生，好不好？"我们都说好。母亲把花生做成了好几样食品，还吩咐就在后园的茅亭里过这个节。

晚上天色不太好，可是父亲也来了，实在很难得。

父亲说："你们爱吃花生吗？"

我们争着答应："爱！"

"谁能把花生的好处说出来？"

姐姐说："花生的味美。"

哥哥说："花生可以榨油。"

我说："花生的价钱便宜，谁都可以买来吃，都喜欢吃。这就是它的好处。"

父亲说："花生的好处很多，有一样最可贵：它的果实埋在地里，不像桃子、石榴、苹果那样，把鲜红嫩绿的果实高高地挂在枝头上，使人一见就生爱慕之心。你们看它矮矮地长在地上，等到成熟了，也不能立刻分辨出来它有没有果实，必须挖出来才知道。"

我们都说是，母亲也点点头。

父亲接下去说："所以你们要像花生，它虽然不好看，可是很有用，不是外表好看而没有实用的东西。"

我说："那么，人要做有用的人，不要做只讲体面，而对别人没有好处的人了。"//

父亲说："对。这是我对你们的希望。"

我们谈到夜深才散。花生做的食品都吃完了，父亲的话却深深地印在我的心上。

——节选自许地山《落花生》

语音提示：

1. 空地 kòngdì　　2. 开辟 kāipì　　3. 播种 bōzhǒng　　4. 味 wèir
5. 谁 shéi

作品 27 号

我打猎归来，沿着花园的林荫路走着。狗跑在我前边。

突然，狗放慢脚步，蹑足潜行，好像嗅到了前边有什么野物。

我顺着林荫路望去，看见了一只嘴边还带黄色、头上生着柔毛的小麻雀。风猛烈地吹打着林荫路上的白桦树，麻雀从巢里跌落下来，呆呆地伏在地上，孤立无援地张开两只羽毛还未丰满的小翅膀。

我的狗慢慢向它靠近。忽然，从附近一棵树上飞下一只黑胸脯的老麻雀，像一颗石子似的落到狗的跟前。老麻雀全身倒竖着羽毛，惊恐万状，发出绝望、凄惨的叫声，接着向露出牙齿、大张着的狗嘴扑去。

老麻雀是猛扑下来救护幼雀的。它用身体掩护着自己的幼儿……但它整个小小的身体因恐怖而战栗着，它小小的声音也变得粗暴嘶哑，它在牺牲自己！

在它看来，狗该是多么庞大的怪物啊！然而，它还是不能站在自己高高的、安全的树枝上……一种比它的理智更强烈的力量，使它从那儿扑下身来。

我的狗站住了，向后退了退……看来，它也感到了这种力量。

我赶紧唤住惊慌失措的狗，然后我怀着崇敬的心情，走开了。

是啊，请不要见笑。我崇敬那只小小的、英勇的鸟儿，我崇敬它那种爱的冲动和力量。

爱，我想，比//死和死的恐惧更强大。只有依靠它，依靠这种爱，生命才能维持下去，发展下去。

——节选自［俄］屠格涅夫《麻雀》，巴金译

语音提示：

1. 蹑足 nièzú　2. 潜行 qiánxíng　3. 嗅 xiù　4. 白桦 báihuà
5. 胸脯 xiōngpú　6. 石子 shízǐ　7. 倒竖 dàoshù　8. 露出 lòuchū
9. 战栗 zhànlì　10. 鸟儿 niǎor

作品28号

那年我六岁。离我家仅一箭之遥的小山坡旁，有一个早已被废弃的采石场，双亲从来不准我去那儿，其实那儿风景十分迷人。

一个夏季的下午，我随着一群小伙伴偷偷上那儿去了。就在我们穿越了一条孤寂的小路后，他们却把我一个人留在原地，然后奔向“更危险的地带”了。

等他们走后，我惊慌失措地发现，再也找不到要回家的那条孤寂的小道了。像只无头的苍蝇，我到处乱钻，衣裤上挂满了芒刺。太阳已经落山，而此时此刻，家里一定开始吃晚餐了，双亲正盼着我回家……想着想着，我不由得背靠着一棵树，伤心地呜呜大哭起来……

突然，不远处传来了声声柳笛。我像找到了救星，急忙循声走去。一条小道边的树桩上坐着一位吹笛人，手里还正削着什么。走近细看，他不就是被大家称为“乡巴佬儿”的卡廷吗？

“你好，小家伙儿，”卡廷说，“看天气多美，你是出来散步的吧？”

我怯生生地点点头，答道：“我要回家了。”

“请耐心等上几分钟，”卡廷说，“瞧，我正在削一支柳笛，差不多就要做好了，完工后就送给你吧！”

卡廷边削边不时把尚未成形的柳笛放在嘴里试吹一下。没过多久，一支柳笛便递到我手中。我俩在一阵阵清脆悦耳的笛音//中，踏上了归途……

当时，我心中只充满感激，而今天，当我自己也成了祖父时，却突然领悟到他用心之良苦！那天当他听到我的哭声时，便判定我一定迷了路，但他并不想在孩子面前扮演“救星”的角色，于是吹响柳笛以便让我能发现他，并跟着他走出困境！就这样，卡廷先生以乡下人的纯朴，保护了一个小男孩儿强烈的自尊。

——节选自唐若水译《迷途笛音》

语音提示：

1. 小伙伴 xiǎohuǒbànr　2. 奔 bēn　3. 循声 xúnshēng　4. 削 xiāo
5. 乡巴佬儿 xiāngbalǎor　6. 俩 liǎ

作品 29 号

在浩瀚无垠的沙漠里，有一片美丽的绿洲，绿洲里藏着一颗闪光的珍珠。这颗珍珠就是敦煌莫高窟。它坐落在我国甘肃省敦煌市三危山和鸣沙山的怀抱中。

鸣沙山东麓是平均高度为十七米的崖壁。在一千六百多米长的崖壁上，凿有大小洞窟七百余个，形成了规模宏伟的石窟群。其中四百九十二个洞窟中，共有彩色塑像两千一百余尊，各种壁画共四万五千多平方米。莫高窟是我国古代无数艺术匠师留给人类的珍贵文化遗产。

莫高窟的彩塑，每一尊都是一件精美的艺术品。最大的有九层楼那么高，最小的还不如一个手掌大。这些彩塑个性鲜明，神态各异。有慈眉善目的菩萨，有威风凛凛的天王，还有强壮勇猛的力士……

莫高窟壁画的内容丰富多彩，有的是描绘古代劳动人民打猎、捕鱼、耕田、收割的情景，有的是描绘人们奏乐、舞蹈、演杂技的场面，还有的是描绘大自然的美丽风光。其中最引人注目的是飞天。壁画上的飞天，有的臂挎花篮，采摘鲜花；有的反弹琵琶，轻拨银弦；有的倒悬身子，自天而降；有的彩带飘拂，漫天遨游；有的舒展着双臂，翩翩起舞。看着这些精美动人的壁画，就像走进了//灿烂辉煌的艺术殿堂。

莫高窟里还有一个面积不大的洞窟——藏经洞。洞里曾藏有我国古代的各种经卷、文书、帛画、刺绣、铜像等共六万多件。由于清朝政府腐败无能，大量珍贵的文物被外国强盗掠走。仅存的部分经卷，现在陈列于北京故宫等处。

莫高窟是举世闻名的艺术宝库。这里的每一尊彩塑、每一幅壁画、每一件文物，都是中国古代人民智慧的结晶。

——节选自小学《语文》第六册中的《莫高窟》

语音提示：

1. 无垠　wúyín　2. 东麓　dōnglù　3. 凿　záo　4. 挎　kuà
5. 倒悬　dàoxuán

作品 30 号

其实你在很久以前并不喜欢牡丹，因为它总被人作为富贵膜拜。后来你目睹了一次牡丹的落花，你相信所有的人都会为之感动：一阵清风徐来，娇艳鲜嫩的盛期牡丹忽然整朵整朵地坠落，铺撒一地绚丽的花瓣。那花瓣落地时依然鲜艳夺目，如同一只奉上祭坛的大鸟脱落的羽毛，低吟着壮烈的悲歌离去。

牡丹没有花谢花败之时，要么烁于枝头，要么归于泥土，它跨越萎顿和衰老，由青春而死亡，由美丽而消遁。它虽美却不吝惜生命，即使告别也要展示给人最后一次的惊心动魄。

所以在这阴冷的四月里，奇迹不会发生。任凭游人扫兴和诅咒，牡丹依然安之若素。它不苟且、不俯就、不妥协、不媚俗，甘愿自己冷落自己。它遵循自己的花期自己的规律，它有权利为自己选择每年一度的盛大节日。它为什么不拒绝寒冷？

天南海北的看花人，依然络绎不绝地涌入洛阳城。人们不会因牡丹的拒绝而拒绝它的美。如果它再被贬谪十次，也许它就会繁衍出十个洛阳牡丹城。

于是你在无言的遗憾中感悟到，富贵与高贵只是一字之差。同人一样，花儿也是有灵性的，更有品位之高低。品位这东西为气为魂为//筋骨为神韵，只可意会。你叹服牡丹卓而不群之姿，方知品位是多么容易被世人忽略或是漠视的美。

——节选自张抗抗《牡丹的拒绝》

语音提示：

1. 为之 wéizhī　2. 坠落 zhuìluò　3. 烁 shuò　4. 消遁 xiāodùn
5. 吝惜 lìnxī　6. 贬谪 biǎnzhé　7. 差 chā　8. 花儿 huā'ér
9. 为 wéi

作品 31 号

森林涵养水源，保持水土，防止水旱灾害的作用非常大。据专家测算，一片十万亩面积的森林，相当于一个两百万立方米的水库，这正如农谚所说的："山上多栽树，等于修水库。雨多它能吞，雨少它能吐。"

说起森林的功劳，那还多得很。它除了为人类提供木材及许多种生产、生活的原料之外，在维护生态环境方面也是功劳卓著。它用另一种"能吞能吐"的特殊功能孕育了人类。因为地球在形成之初，大气中的二氧化碳含量很高，氧气很少，气温也高，生物是难以生存的。大约在四亿年之前，陆地才产生了森林。森林慢慢将大气中的二氧化碳吸收，同时吐出新鲜氧气，调节气温：这才具备了人类生存的条件，地球上才最终有了人类。

森林，是地球生态系统的主体，是大自然的总调度室，是地球的绿色之肺。森林维护地球生态环境的这种"能吞能吐"的特殊功能是其他任何物体都不能取代的。然而，由于地球上的燃烧物增多，二氧化碳的排放量急剧增加，使得地球生态环境急剧恶化，主要表现为全球气候变暖，水分蒸发加快，改变了气流的循环，使气候变化加剧，从而引发热浪、飓风、暴雨、洪涝及干旱。

为了//使地球的这个"能吞能吐"的绿色之肺恢复健壮，以改善生态环境，抑制全球变暖，减少水旱等自然灾害，我们应该大力造林、护林，使每一座荒山都绿起来。

——节选自《中考语文课外阅读试题精选》中的《"能吞能吐"的森林》

语音提示：

1. 吐 tǔ　　2. 提供 tígōng　　3. 卓著 zhuózhù　　4. 飓风 jùfēng

作品 32 号

朋友即将远行。

暮春时节，又邀了几位朋友在家小聚。虽然都是极熟的朋友，却是终年难得一见，偶尔电话里相遇，也无非是几句寻常话。一锅小米稀饭，一碟大头菜，一盘自家酿制的泡菜，一只巷口买回的烤鸭，简简单单，不像请客，倒像家人团聚。

其实，友情也好，爱情也好，久而久之都会转化为亲情。

说也奇怪，和新朋友会谈文学、谈哲学、谈人生道理等等，和老朋友却只话家常，柴米油盐，细细碎碎，种种琐事。很多时候，心灵的契合已经不需要太多的言语来表达。

朋友新烫了个头，不敢回家见母亲，恐怕惊骇了老人家，却欢天喜地来见我们，老朋友颇能以一种趣味性的眼光欣赏这个改变。

年少的时候，我们差不多都在为别人而活，为苦口婆心的父母活，为循循善诱的师长活，为许多观念、许多传统的约束力而活。年岁逐增，渐渐挣脱外在的限制与束缚，开始懂得为自己活，照自己的方式做一些自己喜欢的事，不在乎别人的批评意见，不在乎别人的诋毁流言，只在乎那一份随心所欲的舒坦自然。偶尔，也能够纵容自己放浪一下，并且有一种恶作剧的窃喜。

就让生命顺其自然，水到渠成吧，犹如窗前的//乌桕，自生自落之间，自有一份圆融丰满的喜悦。春雨轻轻落着，没有诗，没有酒，有的只是一份相知相属的自在自得。

夜色在笑语中渐渐沉落，朋友起身告辞，没有挽留，没有送别，甚至也没有问归期。

已经过了大喜大悲的岁月，已经过了伤感流泪的年华，知道了聚散原来是这样的自然和顺理成章，懂得这点，便懂得珍惜每一次相聚的温馨，离别便也欢喜。

——节选自杏林子《朋友和其他》

语音提示：

1. 即将 jíjiāng　2. 倒 dào　3. 年少 niánshào　4. 挣脱 zhèngtuō
5. 份 fènr　6. 乌桕 wūjiù

作品 33 号

我们在田野散步：我，我的母亲，我的妻子和儿子。

母亲本不愿出来的。她老了，身体不好，走远一点儿就觉得很累。我说，正因为如此，才应该多走走。母亲信服地点点头，便去拿外套。她现在很听我的话，就像我小时候很听她的话一样。

这南方初春的田野，大块小块的新绿随意地铺着，有的浓，有的淡，树上的嫩芽也密了，田里的冬水也咕咕地起着水泡。这一切都使人想着一样东西——生命。

我和母亲走在前面，我的妻子和儿子走在后面。小家伙突然叫起来："前面是妈妈和儿子，后面也是妈妈和儿子。"我们都笑了。

后来发生了分歧：母亲要走大路，大路平顺；我的儿子要走小路，小路有意思。不过，一切都取决于我。我的母亲老了，她早已习惯听从她强壮的儿子；我的儿子还小，他还习惯听从他高大的父亲；妻子呢，在外面，她总是听我的。一霎时我感到了责任的重大。我想找一个两全的办法，找不出；我想拆散一家人，分成两路，各得其所，终不愿意。我决定委屈儿子，因为我伴同他的时日还长。我说："走大路。"

但是母亲摸摸孙儿的小脑瓜，变了主意："还是走小路吧。"她的眼随小路望去：那里有金色的菜花，两行整齐的桑树，//尽头一口水波粼粼的鱼塘。"我走不过去的地方，你就背着我。"母亲对我说。

这样，我们在阳光下，向着那菜花、桑树和鱼塘走去。到了一处，我蹲下来，背起了母亲；妻子也蹲下来，背起了儿子。我和妻子都是慢慢地，稳稳地，走得很仔细，好像我背上的同她背上的加起来，就是整个世界。

——节选自莫怀戚《散步》

语音提示：

1. 嫩芽 nènyá　　2. 霎时 shàshí

作品 34 号

地球上是否真的存在“无底洞”？按说地球是圆的，由地壳、地幔和地核三层组成，真正的“无底洞”是不应存在的，我们所看到的各种山洞、裂口、裂缝，甚至火山口也都只是地壳浅部的一种现象。然而中国一些古籍却多次提到海外有个深奥莫测的无底洞。事实上地球上确实有这样一个“无底洞”。

它位于希腊亚各斯古城的海滨。由于濒临大海，大涨潮时，汹涌的海水便会排山倒海般地涌入洞中，形成一股湍湍的急流。据测，每天流入洞内的海水量达三万多吨。奇怪的是，如此大量的海水灌入洞中，却从来没有把洞灌满。曾有人怀疑，这个“无底洞”，会不会就像石灰岩地区的漏斗、竖井、落水洞一类的地形。然而从二十世纪三十年代以来，人们就做了多种努力企图寻找它的出口，却都是枉费心机。

为了揭开这个秘密，一九五八年美国地理学会派出一支考察队，他们把一种经久不变的带色染料溶解在海水中，观察染料是如何随着海水一起沉下去。接着又察看了附近海面以及岛上的各条河、湖，满怀希望地寻找这种带颜色的水，结果令人失望。难道是海水量太大把有色水稀释得太淡，以致无法发现？//

至今谁也不知道为什么这里的海水会没完没了地“漏”下去，这个“无底洞”的出口又在哪里，每天大量的海水究竟都流到哪里去了？

——节选自［美］罗伯特·罗威尔《神秘的“无底洞”》

语音提示：

1. 地壳 dìqiào　2. 地幔 dìmàn　3. 地核 dìhé　4. 濒临 bīnlín
5. 湍湍 tuāntuān

作品 35 号

我在俄国见到的景物再没有比托尔斯泰墓更宏伟、更感人的。

完全按照托尔斯泰的愿望，他的坟墓成了世间最美的，给人印象最深刻的坟墓。它只是树林中的一个小小的长方形土丘，上面开满鲜花——没有十字架，没有墓碑，没有墓志铭，连托尔斯泰这个名字也没有。

这位比谁都感到受自己的声名所累的伟人，却像偶尔被发现的流浪汉，不为人知的士兵，不留名姓地被人埋葬了。谁都可以踏进他最后的安息地，围在四周稀疏的木栅栏是不关闭的——保护列夫·托尔斯泰得以安息的没有任何别的东西，唯有人们的敬意；而通常，人们却总是怀着好奇，去破坏伟人墓地的宁静。

这里，逼人的朴素禁锢住任何一种观赏的闲情，并且不容许你大声说话。风儿俯临，在这座无名者之墓的树木之间飒飒响着，和暖的阳光在坟头嬉戏；冬天，白雪温柔地覆盖这片幽暗的圭土地。无论你在夏天或冬天经过这儿，你都想象不到，这个小小的、隆起的长方体里安放着一位当代最伟大的人物。

然而，恰恰是这座不留姓名的坟墓，比所有挖空心思用大理石和奢华装饰建造的坟墓更扣人心弦。在今天这个特殊的日子//里，到他的安息地来的成百上千人中间，没有一个有勇气，哪怕仅仅从这幽暗的土丘上摘下一朵花留作纪念。人们重新感到，世界上再没有比托尔斯泰最后留下的、这座纪念碑式的朴素坟墓，更打动人心的了。

——节选自［奥］茨威格《世间最美的坟墓》，张厚仁译

语音提示：

1. 所累　suǒlěi　　2. 禁锢　jìngù　　3. 风儿　fēng'ér　　4. 飒飒　sàsà
5. 坟头　féntóur　　6. 圭土地　guītǔdì

作品36号

我国的建筑，从古代的宫殿到近代的一般住房，绝大部分是对称的，左边怎么样，右边怎么样。苏州园林可绝不讲究对称，好像故意避免似的。东边有了一个亭子或者一道回廊，西边决不会来一个同样的亭子或者一道同样的回廊。这是为什么？我想，用图画来比方，对称的建筑是图案画，不是美术画，而园林是美术画，美术画要求自然之趣，是不讲究对称的。

苏州园林里都有假山和池沼。

假山的堆叠，可以说是一项艺术而不仅是技术。或者是重峦叠嶂，或者是几座小山配合着竹子花木，全在乎设计者和匠师们生平多阅历，胸中有丘壑，才能使游览者攀登的时候忘却苏州城市，只觉得身在山间。

至于池沼，大多引用活水。有些园林池沼宽敞，就把池沼作为全园的中心，其他景物配合着布置。水面假如成河道模样，往往安排桥梁。假如安排两座以上的桥梁，那就一座一个样，决不雷同。

池沼或河道的边沿很少砌齐整的石岸，总是高低屈曲任其自然。还在那儿布置几块玲珑的石头，或者种些花草。这也是为了取得从各个角度看都成一幅画的效果。池沼里养着金鱼或各色鲤鱼，夏秋季节荷花或睡莲开∥放，游览者看“鱼戏莲叶间”，又是入画的一景。

——节选自叶圣陶《苏州园林》

语音提示：

1. 对称　duìchèn　　2. 池沼　chízhǎo　　3. 重峦叠嶂　chóngluán-diézhàng
4. 丘壑　qiūhè　　5. 模样　múyàng

作品 37 号

一位访美中国女作家，在纽约遇到一位卖花的老太太。老太太穿着破旧，身体虚弱，但脸上的神情却是那样祥和兴奋。女作家挑了一朵花说："看起来，你很高兴。"老太太面带微笑地说："是的，一切都这么美好，我为什么不高兴呢？""对烦恼，你倒真能看得开。"女作家又说了一句。没料到，老太太的回答更令女作家大吃一惊："耶稣在星期五被钉上十字架时，是全世界最糟糕的一天，可三天后就是复活节。所以，当我遇到不幸时，就会等待三天，这样一切就恢复正常了。"

"等待三天"，多么富于哲理的话语，多么乐观的生活方式。它把烦恼和痛苦抛下，全力去收获快乐。

沈从文在"文革"期间，陷入了非人的境地。可他毫不在意，他在咸宁时给他的表侄、画家黄永玉写信说："这里的荷花真好，你若来……"身陷苦难却仍为荷花的盛开欣喜赞叹不已，这是一种趋于澄明的境界，一种旷达洒脱的胸襟，一种面临磨难坦荡从容的气度，一种对生活童子般的热爱和对美好事物无限向往的生命情感。

由此可见，影响一个人快乐的，有时并不是困境及磨难，而是一个人的心态。如果把自己浸泡在积极、乐观、向上的心态中，快乐必然会//占据你的每一天。

——节选自《态度创造快乐》

语音提示：

1. 穿着 chuānzhuó　2. 兴奋 xīngfèn　3. 倒 dào　4. 澄明 chéngmíng
5. 从容 cóngróng

作品 38 号

泰山极顶看日出，历来被描绘成十分壮观的奇景。有人说：登泰山而看不到日出，就像一出大戏没有戏眼，味儿终究有点寡淡。

我去爬山那天，正赶上个难得的好天，万里长空，云彩丝儿都不见。素常，烟雾腾腾的山头，显得眉目分明。同伴们都欣喜地说："明天早晨准可以看见日出了。"我也是抱着这种想头，爬上山去。

一路从山脚往上爬，细看山景，我觉得挂在眼前的不是五岳独尊的泰山，却像一幅规模惊人的青绿山水画，从下面倒展开来。在画卷中最先露出的是山根底那座明朝建筑岱宗坊，慢慢地便现出王母池、斗母宫、经石峪。山是一层比一层深，一叠比一叠奇，层层叠叠，不知还会有多深多奇，万山丛中，时而点染着极其工细的人物。王母池旁的吕祖殿里有不少尊明塑，塑着吕洞宾等一些人，姿态神情是那样有生气，你看了，不禁会脱口赞叹说："活啦。"

画卷继续展开，绿阴森森的柏洞露面不太久，便来到对松山。两面奇峰对峙着，满山峰都是奇形怪状的老松，年纪怕都有上千岁了，颜色竟那么浓，浓得好像要流下来似的。来到这儿，你不妨权当一次画里的写意人物，坐在路旁的对松亭里，看看山色，听听流//水和松涛。

一时间，我又觉得自己不仅是在看画卷，却又像是在零零乱乱翻着一卷历史稿本。

——节选自杨朔《泰山极顶》

语音提示：

1. 点 diǎnr　　2. 倒展 dàozhǎn　　3. 露出 lòuchū　　4. 山根 shāngēnr
5. 坊 fāng　　6. 斗母宫 Dǒumǔgōng　　7. 不禁 bùjīn　　8. 露面 lòumiàn
9. 对峙 duìzhì

作品 39 号

育才小学校长陶行知在校园看到学生王友用泥块砸自己班上的同学，陶行知当即喝止了他，并令他放学后到校长室去。无疑，陶行知是要好好教育这个“顽皮”生。那么他是如何教育的呢？

放学后，陶行知来到校长室，王友已经等在门口准备挨训了。可一见面，陶行知却掏出一块糖果送给王友，并说：“这是奖给你的，因为你按时来到这里，而我却迟到了。”王友惊疑地接过糖果。

随后，陶行知又掏出一块糖果放到他手里，说：“这第二块糖果也是奖给你的，因为当我不让你再打人时，你立即就住手了，这说明你很尊重我，我应该奖你。”王友更惊疑了，他眼睛睁得大大的。

陶行知又掏出第三块糖果塞到王友手里，说：“我调查过了，你用泥块砸那些男生，是因为他们不守游戏规则，欺负女生；你砸他们，说明你很正直善良，且有批评不良行为的勇气，应该奖励你啊！”王友感动极了，他流着眼泪后悔地喊道：“陶……陶校长你打我两下吧！我砸的不是坏人，而是自己的同学啊……”

陶行知满意地笑了，他随即掏出第四块糖果递给王友，说：“为你正确地认识错误，我再奖给你一块糖果，只可惜我只有这一块糖果了。我的糖果//没有了，我看我们的谈话也该结束了吧！”说完，就走出了校长室。

——节选自《教师博览·百期精华》中《陶行知的“四块糖果”》

语音提示：

1. 当即 dāngjí　2. 喝止 hèzhǐ　3. 挨 ái　4. 塞 sāi

作品 40 号

享受幸福是需要学习的，当它即将来临的时刻需要提醒。人可以自然而然地学会感官的享乐，却无法天生地掌握幸福的韵律。灵魂的快意同器官的舒适像一对孪生兄弟，时而相傍相依，时而南辕北辙。

幸福是一种心灵的震颤。它像会倾听音乐的耳朵一样，需要不断地训练。

简而言之，幸福就是没有痛苦的时刻。它出现的频率并不像我们想象的那样少。人们常常只是在幸福的金马车已经驶过去很远时，才拣起地上的金鬃毛说，原来我见过它。

人们喜爱回味幸福的标本，却忽略它披着露水散发清香的时刻。那时候我们往往步履匆匆，瞻前顾后不知在忙着什么。

世上有预报台风的，有预报蝗灾的，有预报瘟疫的，有预报地震的。没有人预报幸福。

其实幸福和世界万物一样，有它的征兆。

幸福常常是朦胧的，很有节制地向我们喷洒甘霖。你不要总希望轰轰烈烈的幸福，它多半只是悄悄地扑面而来。你也不要企图把水龙头拧得更大，那样它会很快地流失。你需要静静地以平和之心，体验它的真谛。

幸福绝大多数是朴素的。它不会像信号弹似的，在很高的天际闪烁红色的光芒。它披着本色的外衣，亲//切温暖地包裹起我们。

幸福不喜欢喧嚣浮华，它常常在暗淡中降临。贫困中相濡以沫的一块糕饼，患难中心心相印的一个眼神，父亲一次粗糙的抚摸，女友一张温馨的字条……这都是千金难买的幸福啊。像一粒粒缀在旧绸子上的红宝石，在凄凉中愈发熠熠夺目。

——节选自毕淑敏《提醒幸福》

语音提示：

1. 孪生　luánshēng　2. 兄弟　xiōngdi　3. 震颤　zhènchàn　4. 倾听　qīngtīng
5. 拧　nǐng

作品 41 号

在里约热内卢的一个贫民窟里，有一个男孩子，他非常喜欢足球，可是又买不起，于是就踢塑料盒，踢汽水瓶，踢从垃圾箱里拣来的椰子壳。他在胡同里踢，在能找到的任何一片空地上踢。

有一天，当他在一处干涸的水塘里猛踢一个猪膀胱时，被一位足球教练看见了。他发现这个男孩儿踢得很像是那么回事，就主动提出要送给他一个足球。小男孩儿得到足球后踢得更卖劲了。不久，他就能准确地把球踢进远处随意摆放的一个水桶里。

圣诞节到了，孩子的妈妈说："我们没有钱买圣诞礼物送给我们的恩人，就让我们为他祈祷吧。"

小男孩儿跟随妈妈祈祷完毕，向妈妈要了一把铲子便跑了出去。他来到一座别墅前的花园里，开始挖坑。

就在他快要挖好坑的时候，从别墅里走出一个人来，问小孩儿在干什么，孩子抬起满是汗珠的脸蛋儿，说："教练，圣诞节到了，我没有礼物送给您，我愿给您的圣诞树挖一个树坑。"

教练把小男孩儿从树坑里拉上来，说，我今天得到了世界上最好的礼物。明天你就到我的训练场去吧。

三年后，这位十七岁的男孩儿在第六届世界足球锦标赛上独进六球，为巴西第一次捧回了金杯。一个原来不//为世人所知的名字——贝利，随之传遍世界。

——节选自刘燕敏《天才的造就》

语音提示：

1. 塑料盒 sùliàohér　2. 椰子壳 yēzikér　3. 胡同 hútòngr　4. 空地 kòngdì
5. 干涸 gānhé　6. 卖劲 màijìnr

作品 42 号

记得我十三岁时，和母亲住在法国东南部的耐斯城。母亲没有丈夫，也没有亲戚，够清苦的，但她经常能拿出令人吃惊的东西，摆在我面前。她从来不吃肉，一再说自己是素食者。然而有一天，我发现母亲正仔细地用一小块碎面包擦那给我煎牛排用的油锅。我明白了她称自己为素食者的真正原因。

我十六岁时，母亲成了耐斯市美蒙旅馆的女经理。这时，她更忙碌了。一天，她瘫在椅子上，脸色苍白，嘴唇发灰。马上找来医生，做出诊断：她摄取了过多的胰岛素。直到这时我才知道母亲多年一直对我隐瞒的疾痛——糖尿病。

她的头歪向枕头一边，痛苦地用手抓挠胸口。床架上方，则挂着一枚我一九三二年赢得耐斯市少年乒乓球冠军的银质奖章。

啊，是对我的美好前途的憧憬支撑着她活下去，为了给她那荒唐的梦至少加一点真实的色彩，我只能继续努力，与时间竞争，直至一九三八年我被征入空军。巴黎很快失陷，我辗转调到英国皇家空军。刚到英国就接到了母亲的来信。这些信是由在瑞士的一个朋友秘密地转到伦敦，送到我手中的。

现在我要回家了，胸前佩带着醒目的绿黑两色的解放十字绶//带，上面挂着五六枚我终身难忘的勋章，肩上还佩带着军官肩章。到达旅馆时，没有一个人跟我打招呼。原来，我母亲在三年半以前就已经离开人间了。

在她死前的几天中，她写了近二百五十封信，把这些信交给她在瑞士的朋友，请这个朋友定时寄给我。就这样，在母亲死后的三年半的时间里，我一直从她身上吸取着力量和勇气——这使我能够继续战斗到胜利那一天。

——节选自［法］罗曼·加里《我的母亲独一无二》

语音提示：

1. 块　kuàir　　2. 摄取　shèqǔ　　3. 抓挠　zhuā · nao　　4. 一点　yīdiǎnr

作品 43 号

生活对于任何人都非易事，我们必须有坚韧不拔的精神。最要紧的，还是我们自己要有信心。我们必须相信，我们对每一件事情都具有天赋的才能，并且，无论付出任何代价，都要把这件事完成。当事情结束的时候，你要能问心无愧地说：“我已经尽我所能了。”

有一年的春天，我因病被迫在家里休息数周。我注视着我的女儿们所养的蚕正在结茧，这使我很感兴趣。望着这些蚕执著地、勤奋地工作，我感到我和它们非常相似。像它们一样，我总是耐心地把自己的努力集中在一个目标上。我之所以如此，或许是因为有某种力量在鞭策着我——正如蚕被鞭策着去结茧一般。

近五十年来，我致力于科学研究，而研究，就是对真理的探讨。我有许多美好快乐的记忆。少女时期我在巴黎大学，孤独地过着求学的岁月；在后来献身科学的整个时期，我丈夫和我专心致志，像在梦幻中一般，坐在简陋的书房里艰辛地研究，后来我们就在那里发现了镭。

我永远追求安静的工作和简单的家庭生活。为了实现这个理想，我竭力保持宁静的环境，以免受人事的干扰和盛名的拖累。

我深信，在科学方面我们有对事业而不是//对财富的兴趣。我的唯一奢望是在一个自由国家中，以一个自由学者的身份从事研究工作。

我一直沉醉于世界的优美之中，我所热爱的科学也不断增加它崭新的远景。我认定科学本身就具有伟大的美。

——节选自［波］玛丽·居里《我的信念》，剑捷译

语音提示：

1. 结　jié　　2. 拖累　tuōlěi

作品 44 号

我为什么非要教书不可？是因为我喜欢当教师的时间安排表和生活节奏。七、八、九三个月给我提供了进行回顾、研究、写作的良机，并将三者有机融合，而善于回顾、研究和总结正是优秀教师素质中不可缺少的成分。

干这行给了我多种多样的“甘泉”去品尝，找优秀的书籍去研读，到“象牙塔”和实际世界里去发现。教学工作给我提供了继续学习的时间保证，以及多种途径、机遇和挑战。

然而，我爱这一行的真正原因，是爱我的学生。学生们在我的眼前成长、变化。当教师意味着亲历“创造”过程的发生——恰似亲手赋予一团泥土以生命，没有什么比目睹它开始呼吸更激动人心的了。

权利我也有了：我有权利去启发诱导，去激发智慧的火花，去问费心思考的问题，去赞扬回答的尝试，去推荐书籍，去指点迷津。还有什么别的权利能与之相比呢？

而且，教书还给我金钱和权利之外的东西，那就是爱心。不仅有对学生的爱，对书籍的爱，对知识的爱，还有教师才能感受到的对“特别”学生的爱。这些学生，有如冥顽不灵的泥块，由于接受了老师的炽爱才勃发了生机。

所以，我爱教书，还因为，在那些勃发生机的“特//别”学生身上，我有时发现自己和他们呼吸相通，忧乐与共。

——节选自［美］彼得·基·贝得勒《我为什么当教师》

语音提示：

1. 提供　tígōng　　2. 诱导　yòudǎo　　3. 炽爱　chì'ài

作品 45 号

中国西部我们通常是指黄河与秦岭相连一线以西，包括西北和西南的十二个省、市、自治区。这块广袤的土地面积为五百四十六万平方公里，占国土总面积的百分之五十七；人口二点八亿，占全国总人口的百分之二十三。

西部是华夏文明的源头。华夏祖先的脚步是顺着水边走的：长江上游出土过元谋人牙齿化石，距今约一百七十万年；黄河中游出土过蓝田人头盖骨，距今约七十万年。这两处古人类都比距今约五十万年的北京猿人资格更老。

西部地区是华夏文明的重要发源地，秦皇汉武以后，东西方文化在这里交汇融合，从而有了丝绸之路的驼铃声声，佛院深寺的暮鼓晨钟。敦煌莫高窟是世界文化史上的一个奇迹，它在继承汉晋艺术传统的基础上，形成了自己兼收并蓄的恢弘气度，展现出精美绝伦的艺术形式和博大精深的文化内涵。秦始皇兵马俑、西夏王陵、楼兰古国、布达拉宫、三星堆、大足石刻等历史文化遗产，同样为世界所瞩目，成为中华文化重要的象征。

西部地区又是少数民族及其文化的集萃地，几乎包括了我国所有的少数民族。在一些偏远的少数民族地区，仍保留//了一些久远时代的艺术品种，成为珍贵的“活化石”，如纳西古乐、戏曲、剪纸、刺绣、岩画等民间艺术和宗教艺术。特色鲜明、丰富多彩，犹如一个巨大的民族民间文化艺术宝库。

我们要充分重视和利用这些得天独厚的资源优势，建立良好的民族民间文化生态环境，为西部大开发做出贡献。

——节选自《中考语文课外阅读试题精选》中的《西部文化和西部开发》

语音提示：

1. 广袤　guǎngmào　　2. 分　fēn　　3. 奇迹　qíjì　　4. 集萃　jícuì
5. 几乎　jīhū

作品 46 号

高兴，这是一种具体的被看得到摸得着的事物所唤起的情绪。它是心理的，更是生理的。它容易来也容易去，谁也不应该对它视而不见失之交臂，谁也不应该总是做那些使自己不高兴也使旁人不高兴的事。让我们说一件最容易做也最令人高兴的事吧，尊重你自己，也尊重别人，这是每一个人的权利，我还要说这是每一个人的义务。

快乐，它是一种富有概括性的生存状态、工作状态。它几乎是先验的，它来自生命本身的活力，来自宇宙、地球和人间的吸引，它是世界的丰富、绚丽、阔大、悠久的体现。快乐还是一种力量，是埋在地下的根脉。消灭一个人的快乐比挖掘掉一棵大树的根要难得多。

欢欣，这是一种青春的、诗意的情感。它来自面向着未来伸开双臂奔跑的冲力，它来自一种轻松而又神秘、朦胧而又隐秘的激动，它是激情即将到来的预兆，它又是大雨过后的比下雨还要美妙得多也久远得多的回味……

喜悦，它是一种带有形而上色彩的修养和境界。与其说它是一种情绪，不如说它是一种智慧、一种超拔、一种悲天悯人的宽容和理解，一种饱经沧桑的充实和自信，一种光明的理性，一种坚定//的成熟，一种战胜了烦恼和庸俗的清明澄澈。它是一潭清水，它是一抹朝霞，它是无边的平原，它是沉默的地平线。多一点儿、再多一点儿喜悦吧，它是翅膀，也是归巢。它是一杯美酒，也是一朵永远开不败的莲花。

——节选自王蒙《喜悦》

语音提示：

1. 谁　shéi　　2. 应该　yīnggāi　　3. 绚丽　xuànlì　　4. 与其　yǔqí
5. 悯人　mǐnrén

作品 47 号

在湾仔，香港最热闹的地方，有一棵榕树，它是最贵的一棵树，不光在香港，在全世界，都是最贵的。

树，活的树，又不卖何言其贵？只因它老，它粗，是香港百年沧桑的活见证，香港人不忍看着它被砍伐，或者被移走，便跟要占用这片山坡的建筑者谈条件：可以在这儿建大楼盖商厦，但一不准砍树，二不准挪树，必须把它原地精心养起来，成为香港闹市中的一景。太古大厦的建设者最后签了合同，占用这个大山坡建豪华商厦的先决条件是同意保护这棵老树。

树长在半山坡上，计划将树下面的成千上万吨山石全部掏空取走，腾出地方来盖楼，把树架在大楼上面，仿佛它原本是长在楼顶上似的。建设者就地造了一个直径十八米、深十米的大花盆，先固定好这棵老树，再在大花盆底下盖楼。光这一项就花了两千三百八十九万港币，堪称是最昂贵的保护措施了。

太古大厦落成之后，人们可以乘滚动扶梯一次到位，来到太古大厦的顶层，出后门，那儿是一片自然景色。一棵大树出现在人们面前，树干有一米半粗，树冠直径足有二十多米，独木成林，非常壮观，形成一座以它为中心的小公园，取名叫"榕圃"。树前面//插着铜牌，说明原由。此情此景，如不看铜牌的说明，绝对想不到巨树根底下还有一座宏伟的现代大楼。

——节选自舒乙《香港：最贵的一棵树》

语音提示：

1. 湾仔 Wānzǎi　2. 乘 chéng　3. 树冠 shùguān　4. 榕圃 róngpǔ

作品 48 号

我们的船渐渐地逼近榕树了。我有机会看清它的真面目：是一棵大树，有数不清的丫枝，枝上又生根，有许多根一直垂到地上，伸进泥土里。一部分树枝垂到水面，从远处看，就像一棵大树斜躺在水面上一样。

现在正是枝繁叶茂的时节。这棵榕树好像在把它的全部生命力展示给我们看。那么多的绿叶，一簇堆在另一簇的上面，不留一点儿缝隙。翠绿的颜色明亮地在我们的眼前闪耀，似乎每一片树叶上都有一个新的生命在颤动，这美丽的南国的树！

船在树下泊了片刻，岸上很湿，我们没有上去。朋友说这里是“鸟的天堂”，有许多鸟在这棵树上做窝，农民不许人去捉它们。我仿佛听见几只鸟扑翅的声音，但是等到我的眼睛注意地看那里时，我却看不见一只鸟的影子，只有无数的树根立在地上，像许多根木桩。地是湿的，大概涨潮时河水常常冲上岸去。“鸟的天堂”里没有一只鸟，我这样想到。船开了，一个朋友拨着船，缓缓地流到河中间去。

第二天，我们划着船到一个朋友的家乡去，就是那个有山有塔的地方。从学校出发，我们又经过那“鸟的天堂”。

这一次是在早晨，阳光照在水面上，也照在树梢上。一切都//显得非常光明。我们的船也在树下泊了片刻。

起初四周非常清静。后来忽然起了一声鸟叫。我们把手一拍，便看见一只大鸟飞了起来，接着又看见第二只，第三只。我们继续拍掌，很快地这个树林就变得很热闹了。到处都是鸟声，到处都是鸟影。大的，小的，花的，黑的，有的站在枝上叫，有的飞起来，在扑翅膀。

——节选自巴金《小鸟的天堂》

语音提示：

1. 缝隙 fèngxì　　2. 泊 bó

作品 49 号

有这样一个故事。

有人问：世界上什么东西的气力最大？回答纷纭得很，有的说“象”，有的说“狮”，有人开玩笑似的说：是“金刚”，金刚有多少气力，当然大家全不知道。

结果，这一切答案完全不对，世界上气力最大的，是植物的种子。一粒种子所可以显现出来的力，简直是超越一切。

人的头盖骨，结合得非常致密与坚固，生理学家和解剖学者用尽了一切的方法，要把它完整地分出来，都没有这种力气。后来忽然有人发明了一个方法，就是把一些植物的种子放在要剖析的头盖骨里，给它以温度与湿度，使它发芽。一发芽，这些种子便以可怕的力量，将一切机械力所不能分开的骨骼，完整地分开了。植物种子的力量之大，如此如此。

这，也许特殊了一点儿，常人不容易理解。那么，你看见过笋的成长吗？你看见过被压在瓦砾和石块下面的一棵小草的生长吗？它为着向往阳光，为着达成它的生之意志，不管上面的石块如何重，石与石之间如何狭，它必定要曲曲折折地，但是顽强不屈地透到地面上来。它的根往土壤钻，它的芽往地面挺，这是一种不可抗拒的力，阻止它的石块，结果也被它掀翻，一粒种子的力量之大，//如此如此。

没有一个人将小草叫做“大力士”，但是它的力量之大，的确是世界无比。这种力是一般人看不见的生命力。只要生命存在，这种力就要显现。上面的石块，丝毫不足以阻挡。因为它是一种“长期抗战”的力；有弹性，能屈能伸的力；有韧性，不达目的不止的力。

——节选自夏衍《野草》

语音提示：

1. 结果 jiéguǒ　　2. 剖 pōu　　3. 瓦砾 wǎlì　　4. 钻 zuān

作品 50 号

燕子去了，有再来的时候；杨柳枯了，有再青的时候；桃花谢了，有再开的时候。但是，聪明的，你告诉我，我们的日子为什么一去不复返呢？——是有人偷了他们罢：那是谁？又藏在何处呢？是他们自己逃走了罢：现在又到了哪里呢？

去的尽管去了，来的尽管来着；去来的中间，又怎样地匆匆呢？早上我起来的时候，小屋里射进两三方斜斜的太阳。太阳他有脚啊，轻轻悄悄地挪移了；我也茫茫然跟着旋转。于是——洗手的时候，日子从水盆里过去；吃饭的时候，日子从饭碗里过去；默默时，便从凝然的双眼前过去。我觉察他去的匆匆了，伸出手遮挽时，他又从遮挽着的手边过去；天黑时，我躺在床上，他便伶伶俐俐地从我身上跨过，从我脚边飞去了。等我睁开眼和太阳再见，这算又溜走了一日。我掩着面叹息。但是新来的日子的影儿又开始在叹息里闪过了。

在逃去如飞的日子里，在千门万户的世界里的我能做些什么呢？只有徘徊罢了，只有匆匆罢了；在八千多日的匆匆里，除徘徊外，又剩些什么呢？过去的日子如轻烟，被微风吹散了，如薄雾，被初阳蒸融了；我留着些什么痕迹呢？我何曾留着像游丝样的痕迹呢？我赤裸裸来//到这世界，转眼间也将赤裸裸的回去罢？但不能平的，为什么偏白白走这一遭啊？

你聪明的，告诉我，我们的日子为什么一去不复返呢？

——节选自朱自清《匆匆》

语音提示：

1. 枯 kū
2. 为什么 wèishénme
3. “罢”同“吧” ba
4. 谁 shéi
5. 啊 wa
6. 旋转 xuánzhuǎn
7. 影儿 yǐng'er
8. 徘徊 páihuái
9. 薄雾 báowù

作品 51 号

有个塌鼻子的小男孩儿，因为两岁时得过脑炎，智力受损，学习起来很吃力。打个比方，别人写作文能写二三百字，他却只能写三五行。但即便这样的作文，他同样能写得很动人。

那是一次作文课，题目是《愿望》。他极其认真地想了半天，然后极认真地写，那作文极短。只有三句话：我有两个愿望，第一个是，妈妈天天笑眯眯地看着我说："你真聪明。"第二个是，老师天天笑眯眯地看着我说："你一点儿也不笨。"

于是，就是这篇作文，深深地打动了他的老师，那位妈妈式的老师不仅给了他最高分，在班上带感情地朗读了这篇作文，还一笔一画地批道：你很聪明，你的作文写得非常感人，请放心，妈妈肯定会格外喜欢你的，老师肯定会格外喜欢你的，大家肯定会格外喜欢你的。

捧着作文本，他笑了，蹦蹦跳跳地回家了，像只喜鹊。但他并没有把作文本拿给妈妈看，他是在等待，等待着一个美好的时刻。

那个时刻终于到了，是妈妈的生日——一个阳光灿烂的星期天。那天，他起得特别早，把作文本装在一个亲手做的美丽的大信封里，等着妈妈醒来。妈妈刚刚睁眼醒来，他就笑眯眯地走到妈妈跟前说："妈妈，今天是您的生日，我要//送给您一件礼物。"

果然，看着这篇作文，妈妈甜甜地涌出了两行热泪，一把搂住小男孩儿，搂得很紧很紧。

是的，智力可以受损，但爱永远不会。

——节选自张玉庭《一个美丽的故事》

作品 52 号

小学的时候，有一次我们去海边远足，妈妈没有做便饭，给了我十块钱买午餐。好像走了很久，很久，终于到海边了，大家坐下来便吃饭，荒凉的海边没有商店，我一个人跑到防风林外面去，级任老师要大家把吃剩的饭菜分给我一点儿。有两三个男生留下一点儿给我，还有一个女生，她的米饭拌了酱油，很香。我吃完的时候，她笑眯眯地看着我，短头发，脸圆圆的。

她的名字叫翁香玉。

每天放学的时候，她走的是经过我们家的一条小路，带着一位比她小的男孩儿，可能是弟弟。小路边是一条清澈见底的小溪，两旁竹荫覆盖，我总是远远地跟在她后面，夏日的午后特别炎热，走到半路她会停下来，拿手帕在溪水里浸湿，为小男孩儿擦脸。我也在后面停下来，把肮脏的手帕弄湿了擦脸，再一路远远跟着她回家。

后来我们家搬到镇上去了，过几年我也上了中学。有一天放学回家，在火车上，看见斜对面一位短头发、圆圆脸的女孩儿，一身素净的白衣黑裙。我想她一定不认识我了。火车很快到站了，我随着人群挤向门口，她也走近了，叫我的名字。这是她第一次和我说话。

她笑眯眯的，和我一起走过月台。以后就没有再见过//她了。

这篇文章收在我出版的《少年心事》这本书里。

书出版后半年，有一天我忽然收到出版社转来的一封信，信封上是陌生的字迹，但清楚地写着我的本名。

信里面说她看到了这篇文章心里非常激动，没想到在离开家乡，漂泊异地这么久之后，会看见自己仍然在一个人的记忆里，她自己也深深记得这其中的每一幕，只是没想到越过遥远的时空，竟然另一个人也深深记得。

——节选自苦伶《永远的记忆》

语音提示：

1. 清澈　qīngchè　　2. 溪水　xīshuǐ

作品 53 号

在繁华的巴黎大街的路旁，站着一个衣衫褴褛、头发斑白、双目失明的老人。他不像其他乞丐那样伸手向过路行人乞讨，而是在身旁立一块木牌，上面写着："我什么也看不见！"街上过往的行人很多，看了木牌上的字都无动于衷，有的还淡淡一笑，便姗姗而去了。

这天中午，法国著名诗人让·彼浩勒也经过这里。他看看木牌上的字，问盲老人："老人家，今天上午有人给你钱吗？"

盲老人叹息着回答："我，我什么也没有得到。"说着，脸上的神情非常悲伤。

让·彼浩勒听了，拿起笔悄悄地在那行字的前面添上了"春天到了，可是"几个字，就匆匆地离开了。

晚上，让·彼浩勒又经过这里，问那个盲老人下午的情况。盲老人笑着回答说："先生，不知为什么，下午给我钱的人多极了！"让·彼浩勒听了，摸着胡子满意地笑了。

"春天到了，可是我什么也看不见！"这富有诗意的语言，产生这么大的作用，就在于它有非常浓厚的感情色彩。是的，春天是美好的，那蓝天白云，那绿树红花，那莺歌燕舞，那流水人家，怎么不叫人陶醉呢？但这良辰美景，对于一个双目失明的人来说，只是一片漆黑。当人们想到这个盲老人，一生中竟连万紫千红的春天//都不曾看到，怎能不对他产生同情之心呢？

——节选自小学《语文》第六册中的《语言的魅力》

语音提示：

1. 褴褛 lánlǚ　　2. 乞丐 qǐgài

作品 54 号

有一次，苏东坡的朋友张鹗拿着一张宣纸来求他写一幅字，而且希望他写一点儿关于养生方面的内容。苏东坡思索了一会儿，点点头说："我得到了一个养生长寿古方，药只有四味，今天就赠给你吧。"于是，东坡的狼毫在纸上挥洒起来，上面写着："一曰无事以当贵，二曰早寝以当富，三曰安步以当车，四曰晚食以当肉。"

这哪里有药？张鹗一脸茫然地问。苏东坡笑着解释说，养生长寿的要诀，全在这四句里面。

所谓"无事以当贵"，是指人不要把功名利禄、荣辱过失考虑得太多，如能在情志上潇洒大度，随遇而安，无事以求，这比富贵更能使人终其天年。

"早寝以当富"，指吃好穿好、财货充足，并非就能使你长寿。对老年人来说，养成良好的起居习惯，尤其是早睡早起，比获得任何财富更加宝贵。

"安步以当车"，指人不要过于讲求安逸、肢体不劳，而应多以步行来替代骑马乘车，多运动才可以强健体魄，通畅气血。

"晚食以当肉"，意思是人应该用已饥方食、未饱先止代替对美味佳肴的贪吃无厌。他进一步解释，饿了以后才进食，虽然是粗茶淡饭，但其香甜可口会胜过山珍；如果饱了还要勉强吃，即使美味佳肴摆在眼前也难以//下咽。

苏东坡的四味"长寿药"，实际上是强调了情志、睡眠、运动、饮食四个方面对养生长寿的重要性，这种养生观点即使在今天仍然值得借鉴。

——节选自蒲昭和《赠你四味长寿药》

语音提示：

1. 鹗 è　　2. 曰 yuē　　3. 当 dàng　　4. 应 yīng
5. 乘车 chéngchē　　6. 气血 qìxuè

作品 55 号

人活着，最要紧的是寻觅到那片代表着生命绿色和人类希望的丛林，然后选一高高的枝头站在那里观览人生，消化痛苦，孕育歌声，愉悦世界！

这可真是一种潇洒的人生态度，这可真是一种心境爽朗的情感风貌。

站在历史的枝头微笑，可以减免许多烦恼。在那里，你可以从众生相所包含的甜酸苦辣、百味人生中寻找你自己；你境遇中的那点儿苦痛，也许相比之下，再也难以占据一席之地；你会较容易地获得从不悦中解脱灵魂的力量，使之不致变得灰色。

人站得高些，不但能有幸早些领略到希望的曙光，还能有幸发现生命的立体的诗篇。每一个人的人生，都是这诗篇中的一个词、一个句子或者一个标点。你可能没有成为一个美丽的词，一个引人注目的句子，一个惊叹号，但你依然是这生命的立体诗篇中的一个音节、一个停顿、一个必不可少的组成部分。这足以使你放弃前嫌，萌生为人类孕育新的歌声的兴致，为世界带来更多的诗意。

最可怕的人生见解，是把多维的生存图景看成平面。因为那平面上刻下的大多是凝固了的历史——过去的遗迹；但活着的人们，活得却是充满着新生智慧的，由//不断逝去的“现在”组成的未来。人生不能像某些鱼类躺着游，人生也不能像某些兽类爬着走，而应该站着向前行，这才是人类应有的生存姿态。

——节选自［美］本杰明·拉什《站在历史的枝头微笑》

作品 56 号

中国的第一大岛、台湾省的主岛台湾，位于中国大陆架的东南方，地处东海和南海之间，隔着台湾海峡和大陆相望。天气晴朗的时候，站在福建沿海较高的地方，就可以隐隐约约地望见岛上的高山和云朵。

台湾岛形状狭长，从东到西，最宽处只有一百四十多公里；由南至北，最长的地方约有三百九十多公里。地形像一个纺织用的梭子。

台湾岛上的山脉纵贯南北，中间的中央山脉犹如全岛的脊梁。西部有海拔近四千米的玉山山峰，是中国东部的最高峰。全岛约有三分之一的地方是平地，其余为山地。岛内有缎带般的瀑布，蓝宝石似的湖泊，四季常青的森林和果园，自然景色十分优美。西南部的阿里山和日月潭，台北市郊的大屯山风景区，都是闻名世界的游览胜地。

台湾岛地处热带和温带之间，四面环海，雨水充足，气温受到海洋的调剂，冬暖夏凉，四季如春，这给水稻和果木生长提供了优越的条件。水稻、甘蔗、樟脑是台湾的"三宝"。岛上还盛产鲜果和鱼虾。

台湾岛还是一个闻名世界的"蝴蝶王国"。岛上的蝴蝶共有四百多个品种，其中有不少是世界稀有的珍贵品种。岛上还有不少鸟语花香的蝴//蝶谷，岛上居民利用蝴蝶制作的标本和艺术品，远销许多国家。

——节选自《中国的宝岛——台湾》

语音提示：

1. 脊梁 jǐliang　　2. 分 fēn　　3. 瀑布 pùbù　　4. 湖泊 húpō
5. 大屯山 Dàtúnshān

作品 57 号

对于中国的牛，我有着一种特别尊敬的感情。

留给我印象最深的，要算在田垄上的一次“相遇”。

一群朋友郊游，我领头在狭窄的阡陌上走，怎料迎面来了几头耕牛，狭道容不下人和牛，终有一方要让路。它们还没有走近，我们已经预计斗不过畜牲，恐怕难免踩到田地泥水里，弄得鞋袜又泥又湿了。正踟蹰的时候，带头的一头牛，在离我们不远的地方停下来，抬起头看看，稍迟疑一下，就自动走下田去。一队耕牛，全跟着它离开阡陌，从我们身边经过。

我们都呆了，回过头来，看着深褐色的牛队，在路的尽头消失，忽然觉得自己受了很大的恩惠。

中国的牛，永远沉默地为人做着沉重的工作。在大地上，在晨光或烈日下，它拖着沉重的犁，低头一步又一步，拖出了身后一列又一列松土，好让人们下种。等到满地金黄或农闲时候，它可能还得担当搬运负重的工作；或终日绕着石磨，朝同一方向，走不计程的路。

在它沉默的劳动中，人便得到应得的收成。

那时候，也许，它可以松一肩重担，站在树下，吃几口嫩草。偶尔摇摇尾巴，摆摆耳朵，赶走飞附身上的苍蝇，已经算是它最闲适的生活了。

中国的牛，没有成群奔跑的习//惯，永远沉沉实实的，默默地工作，平心静气。这就是中国的牛！

——节选自小思《中国的牛》

语音提示：

1. 田垄 tiánlǒng　2. 阡陌 qiānmò　3. 踟蹰 chíchú　4. 褐色 hèsè
5. 种 zhǒng　6. 还得 háiděi　7. 应 yīng

作品 58 号

不管我的梦想能否成为事实，说出来总是好玩儿的：

春天，我将要住在杭州。二十年前，旧历的二月初，在西湖我看见了嫩柳与菜花，碧浪与翠竹。由我看到的那点儿春光，已经可以断定，杭州的春天必定会教人整天生活在诗与图画之中。所以，春天我的家应当是在杭州。

夏天，我想青城山应当算作最理想的地方。在那里，我虽然只住过十天，可是它的幽静已拴住了我的心灵。在我所看见过的山水中，只有这里没有使我失望。到处都是绿，目之所及，那片淡而光润的绿色都在轻轻地颤动，仿佛要流入空中与心中似的。这个绿色会像音乐，涤清了心中的万虑。

秋天一定要住北平。天堂是什么样子，我不知道，但是从我的生活经验去判断，北平之秋便是天堂。论天气，不冷不热。论吃的，苹果、梨、柿子、枣儿、葡萄，每样都有若干种。论花草，菊花种类之多，花式之奇，可以甲天下。西山有红叶可见，北海可以划船——虽然荷花已残，荷叶可还有一片清香。衣食住行，在北平的秋天，是没有一项不使人满意的。

冬天，我还没有打好主意，成都或者相当得合适，虽然并不怎样和暖，可是为了水仙，素心腊梅，各色的茶花，仿佛就受一点儿寒//冷，也颇值得去了。昆明的花也多，而且天气比成都好，可是旧书铺与精美而便宜的小吃远不及成都那么多。好吧，就暂这么规定：冬天不住成都便住昆明吧。

在抗战中，我没能发国难财。我想，抗战胜利以后，我必能阔起来。那时候，假若飞机减价，一二百元就能买一架的话，我就自备一架，择黄道吉日慢慢地飞行。

——节选自老舍《住的梦》

语音提示：

1. 教 jiào　　2. 应当 yīngdāng

作品 59 号

我不由得停住了脚步。

从未见过开得这样盛的藤萝，只见一片辉煌的淡紫色，像一条瀑布，从空中垂下，不见其发端，也不见其终极，只是深深浅浅的紫，仿佛在流动，在欢笑，在不停地生长。紫色的大条幅上，泛着点点银光，就像迸溅的水花。仔细看时，才知那是每一朵紫花中的最浅淡的部分，在和阳光互相挑逗。

这里除了光彩，还有淡淡的芳香。香气似乎也是浅紫色的，梦幻一般轻轻地笼罩着我。忽然记起十多年前，家门外也曾有过一大株紫藤萝，它依傍一株枯槐爬得很高，但花朵从来都稀落，东一穗西一串伶仃地挂在树梢，好像在察颜观色，试探什么。后来索性连那稀零的花串也没有了。园中别的紫藤花架也都拆掉，改种了果树。那时的说法是，花和生活腐化有什么必然关系。我曾遗憾地想：这里再看不见藤萝花了。

过了这么多年，藤萝又开花了，而且开得这样盛，这样密，紫色的瀑布遮住了粗壮的盘虬卧龙般的枝干，不断地流着，流着，流向人的心底。

花和人都会遇到各种各样的不幸，但是生命的长河是无止境的。我抚摸了一下那小小的紫色的花舱，那里满装了生命的酒酿，它张满了帆，在这//闪光的花的河流上航行。它是万花中的一朵，也正是由每一个一朵，组成了万花灿烂的流动的瀑布。

在这浅紫色的光辉和浅紫色的芳香中，我不觉加快了脚步。

——节选自宗璞《紫藤萝瀑布》

语音提示：

1. 发端　fāduān　　2. 挑逗　tiǎodòu　　3. 枯槐　kūhuái　　4. 伶仃　língdīng
5. 盘虬　pánqiú　　6. 酒酿　jiǔniàng

作品 60 号

在一次名人访问中，被问及上个世纪最重要的发明是什么时，有人说是电脑，有人说是汽车，等等。但新加坡的一位知名人士却说是冷气机。他解释，如果没有冷气，热带地区如东南亚国家，就不可能有很高的生产力，就不可能达到今天的生活水准。他的回答实事求是，有理有据。

看了上述报道，我突发奇想：为什么没有记者问："二十世纪最糟糕的发明是什么？"其实二〇〇二年十月中旬，英国的一家报纸就评出了"人类最糟糕的发明"。获此"殊荣"的，就是人们每天大量使用的塑料袋。

诞生于上个世纪三十年代的塑料袋，其家族包括用塑料制成的快餐饭盒、包装纸、餐用杯盘、饮料瓶、酸奶杯、雪糕杯等等。这些废弃物形成的垃圾，数量多、体积大、重量轻、不降解，给治理工作带来很多技术难题和社会问题。

比如，散落在田间、路边及草丛中的塑料餐盒，一旦被牲畜吞食，就会危及健康甚至导致死亡。填埋废弃塑料袋、塑料餐盒的土地，不能生长庄稼和树木，造成土地板结，而焚烧处理这些塑料垃圾，则会释放出多种化学有毒气体，其中一种称为二　英的化合物，毒性极大。

此外，在生产塑料袋、塑料餐盒的//过程中使用的氟利昂，对人体免疫系统和生态环境造成的破坏也极为严重。

——节选自林光如《最糟糕的发明》

语音提示：

1. 散落　sànluò　　2. 处理　chǔlǐ　　3. 二　英　èr'èyīng

第四部分　命题说话

本道题测查应试人在无文字凭借的情况下说普通话的水平，重点测查语音标准程度，词汇、语法规范程度和自然流畅程度。说话话题从《普通话水平测试用话题》中选取，由应试人从给定的两个话题中选取一个话题，连续单向说一段话（3分钟）。评分依据为：

①语音标准程度，共25分。

②词汇语法规范程度，共10分。

③自然流畅程度，共5分。

④说话不足3分钟，酌情扣分：

缺时1分钟以内（含1分钟），扣1分、2分、3分；

缺时1分钟以上，扣4分、5分、6分；

说话不满30秒（含30秒），本测试项成绩计为0分。

⑤离题、内容雷同，视程度扣4分、5分、6分。

⑥无效话语（包括唱歌、背诗文等），累计占时酌情扣分：

累计占时1分钟以内（含1分钟），扣1分、2分、3分；

累计占时1分钟以上，扣4分、5分、6分；

有效语料不满30秒（含30秒），本测试项成绩计为0分。

说话题目

1. 我的愿望（或理想）
2. 我的学习生活
3. 我尊敬的人
4. 我喜爱的动物或植物
5. 童年的记忆
6. 我喜欢的职业
7. 难忘的旅行
8. 我的朋友
9. 我喜爱的文学（或其他）艺术形式
10. 谈谈卫生与健康
11. 我的业余生活
12. 我喜欢的季节（或天气）
13. 学习普通话的体会
14. 谈谈服饰
15. 我的假日生活
16. 我的成长之路
17. 谈谈科技发展与社会生活
18. 我知道的风俗
19. 我和体育
20. 我的家乡（或熟悉的地方）
21. 谈谈美食
22. 我喜欢的节日
23. 我所在的集体（学校、机关、公司等）
24. 谈谈社会公德（或职业道德）
25. 谈谈个人修养
26. 我喜欢的明星（或其他知名人士）
27. 我喜爱的书刊
28. 谈谈对环境保护的认识
29. 我向往的地方
30. 购物（消费）的感受

附录 1:

普通话水平测试等级标准（试行）

一 级

甲等 朗读和自由交谈时，语音标准，词汇、语法正确无误，语调自然，表达流畅。测试总失分率在 3%以内。

乙等 朗读和自由交谈时，语音标准，词汇、语法正确无误，语调自然，表达流畅。偶然有字音、字调失误。测试总失分率在 8%以内。

二 级

甲等 朗读和自由交谈时，声韵调发音基本标准，语调自然，表达流畅。少数难点音（平翘舌音、前后鼻尾音、边鼻音等）有时出现失误。词汇、语法极少有误。测试总失分率在 13%以内。

乙等 朗读和自由交谈时，个别调值不准，声韵母发音有不到位现象。难点音较多（平翘舌音、前后鼻尾音、边鼻音、fu—hu、z—zh—j、送气不送气、i—ü 不分、保留浊塞音、浊塞擦音、丢介音、复韵母单音化等)，失误较多。方言语调不明显。有使用方言词、方言语法的情况。测试总失分率在 20%以内。

三 级

甲等 朗读和自由交谈时，声韵母发音失误较多，难点音超出常见范围，声调调值多不准。方言语调较明显。词汇、语法有失误。测试总失分率在 30%以内。

乙等 朗读和自由交谈时，声韵调发音失误多，方音特征突出。方言语调明显。词汇、语法失误较多。外地人听其谈话有听不懂情况。测试总失分率在 40%以内。

附录 2：

机 测 程 序

计算机测试考生操作流程

考生参加计算机辅助普通话水平测试，进入机房后，需依次按照测试系统提示进行操作，具体流程如下。

1. 佩戴耳麦　考生进入测试机房后，请首先按照系统提示佩戴耳麦，将并将话筒置于口腔前方，然后点击“下一步”按钮。**（如果笔记本电脑没有配置耳麦，则直接点击“下一步”按钮。）**

2. 考生登录　进入下一步后，系统会进入考生登录页面。请考生按照系统提示在页面输入框中**输入准考证号后 4 位**，然后单击“进入”按钮继续，如果输入有误，单击“修改”按钮重新输入。

3. 核对信息　考生进入核对信息页面后，请仔细核对个人信息；如信息无误，单击“确认”按钮继续；如准考证号有误，请单击“返回”按钮重新登录；如姓名有误，请在考试结束后与监考老师联系更改。

4. 等待考试指令　完成登录后，系统会提示“正在处理，请等待”，此时考生不需任何操作，只需要等待其他考生确认个人信息后统一开始试音。

5. 自动试音　考生进入试音页面，请在提示语结束并听到“嘟”的一声后，**用正常说话的音量**朗读主屏中随机出现的试音内容，系统会根据您的朗读自动调节，以适应您的音量。

试音结束，系统会弹出提示试音结束的对话框，考生此时需耐心等待其他考生完成试音，统一进入测试页面。

如果试音失败，系统也会给出提示，请考生按照提示，点击“确定”按钮后，提高说话音量，再进行一次试音。

6. 开始测试

（1）普通话水平测试共有 4 题，请横向朗读测试内容，注意不要错行、漏行（注：蓝字和黑字均需朗读）。测试过程中，不要说与测试内容无关的话。

（2）测试过程中，应做到吐字清晰，语速适中，音量同试音时保持一致。

（3）每一题开始前都有一段提示音，请在提示音结束并听到“嘟”的一声后，再开始朗读。

（4）读完一题后，请马上点击界面右下方的“下一题”按钮，进入下一项试题。系统会依次显示每题的内容，考生只需根据屏幕显示的试题内容进行录音。

7. 结束测试 第四题说话部分满三分钟后，不需要点击“提交试卷”按钮，系统会自动提交试卷并弹出提示框，表示已成功结束本次考试。请考生带上准考证、身份证、学生证等随身物品安静地离开测试室。

祝您在测试中取得优异的成绩！

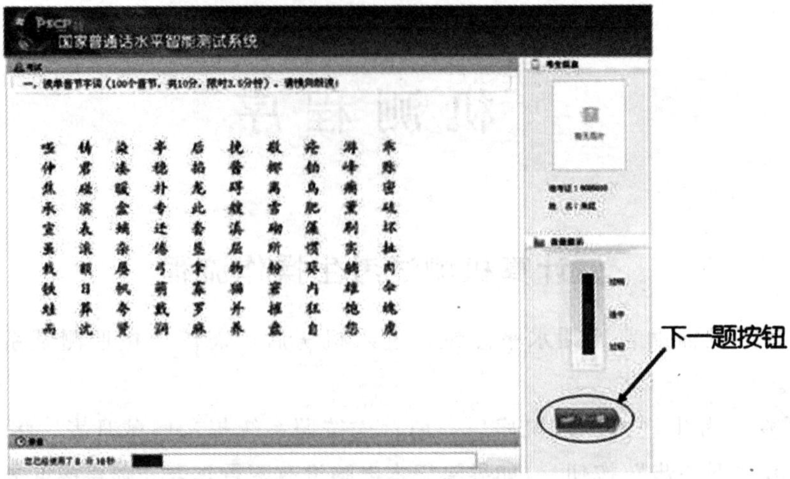

模拟试卷（一）

态	栓	气	茧	方	痕	捅	之	臀	江
砸	狱	霞	腮	自	窘	嫩	镭	反	梭
彩	珠	炒	窝	耍	坑	拟	遍	群	孔
疗	椎	堵	霖	捐	死	槐	墓	搓	扭
抖	腊	许	陪	脚	题	翁	鼻	跨	诀
疮	儿	蔫	用	偶	冰	婆	邓	允	怯
蛇	洼	构	产	败	抿	耗	隔	软	无
册	痴	月	旁	乖	内	癣	恰	袄	香
捧	刘	铁	挥	吮	鸣	罪	逢	对	公
让	貂	磬	然	装	虫	摸	靠	蚕	面

传统	干涉	别针儿	保温	漂亮	天空	英雄
佛像	书卷	涡流	口罩儿	铁匠	症状	搜刮
障碍	角色	盗贼	思考	灵敏	然而	谋略
妇女	小孩儿	难怪	当事人	哪里	辖区	麻醉
贫穷	乌黑	群体	日记	工商业	摧毁	畅快
开创	电话	未曾	在这儿	警犬	东欧	一帆风顺
名字	所有	部分	压迫	篡夺	寻求	

模拟试卷（二）

驳	纯	导	虽	棒	伍	知	末	枪	蹦
烈	倪	荆	擒	案	砸	垮	焚	帝	聊
颠	涌	牛	汝	粤	篇	竹	草	迟	泛
港	评	犬	课	淮	炯	循	纺	拴	李
赛	捡	梯	呕	绳	揭	陇	搓	二	棉
卧	鸟	纱	悔	掠	西	终	撤	甩	蓄
秧	四	仍	叫	台	婶	贼	耕	半	掐
布	癣	翁	弱	刷	允	床	改	逃	春
桩	皿	宋	狭	内	啃	字	环	州	秒
抛	代	关	停	祛	德	孙	旧	崔	凝

军阀	的确	公民	拉链儿	从中	暖瓶	标准
深化	难怪	灯泡儿	温柔	内在	调和	妇女
佛寺	照相	亲切	返青	耻辱	幼儿园	典雅
爽快	局面	钢铁	传说	人群	逗乐儿	毽子
盼望	提成儿	螺旋桨	修养	明白	英雄	窘迫
总得	恰好	完善	眉头	夸张	学习	不速之客
摧毁	爱国	挫折	篱笆	报答	随后	

模拟试卷（三）

千 誉 刷 体 羹 瘸 送 癣 棕 白

苍 拐 黄 搭 访 窝 鼠 娘 飘 丸

二 盆 抠 廖 推 月 泼 示 铡 扼

柳 个 袍 仗 邻 耗 虽 怎 逢 广

肩 妙 哑 丢 圣 船 笔 含 窘 循

紧 泉 扰 恩 左 溶 坎 木 甩 徐

麦 焚 凑 腔 财 诸 蠢 面 所 成

热 他 喜 窗 窖 肘 位 凝 允 苏

日 垒 宅 猎 叮 末 此 钡 痰 捆

拥 季 碘 丝 恰 瓦 梢 拿 后 劫

破坏 妇女 横扫 人群 崩溃 邮戳儿 主宰

合并 佛经 花费 雄壮 散落 全身 定额

枕头 外语 讴歌 酒盅儿 马上 以及 灭亡

夸张 不良 降低 今日 虐待 绕远儿 融洽

穷困 葡萄糖 面貌 学问 变压器 黑暗 宾馆

答应 从而 赞成 多寡 完整 森林 南方

采写 通讯 效率 车子 排斥 挑刺儿 水鸟

模拟试卷（四）

堵	门	偏	绒	括	均	恰	草	臣	寡
洋	法	勿	买	胸	舔	翔	矢	蜂	根
波	日	版	锈	软	踢	鳌	拟	吊	词
连	搜	反	啮	抠	葬	霞	许	氨	用
唤	流	涮	情	怪	整	群	搓	抬	弓
北	弥	聚	抓	册	戳	内	肿	贼	漏
光	而	闯	丝	恨	远	庞	倦	引	队
耕	劳	标	伟	条	骂	歪	牛	莫	咱
挺	速	袍	柯	取	撅	房	孙	蝶	彻
碱	蹬	吮	猴	鲁	义	兵	瘸	辉	您

告别	打算	笔杆儿	应用	体温	宁肯	创作
宣布	日夜	挂钩	冷暖	漫长	拍摄	加油儿
耳膜儿	超额	开水	定律	帮忙	特色	金子
妇女	繁杂	遭受	症状	侵略	休息	动画片
健全	亏本	肺活量	红军	完美	群众	为难
随后	村民	石头	快速	佛典	照样	小瓮儿
飘忽	穷人	层次	兴衰	融洽	虐待	理解

模拟试卷（五）

字 歼 值 扔 拟 汉 窘 攥 胚 径

摆 忙 岁 谋 女 而 征 妄 吟 掠

拐 搏 掌 弱 法 弯 脓 柳 腔 呕

揪 舔 日 彼 粗 狂 销 凑 舌 捉

雅 阔 怀 瓮 三 故 踢 浑 胸 卦

废 辖 犬 愣 虞 吹 咬 拿 损 爹

甫 店 瞟 凌 讨 庙 群 改 颇 酶

鹰 肋 广 笨 舱 抱 涡 酿 筛 找

疲 翻 树 昂 软 词 捐 扯 巡 宽

平 雪 秸 诚 花 头 总 擒 稻 晨

商品　篡夺　亏损　科学家　预防　群众　教训

佛法　玩意儿　需求　告别　骆驼　利用　耽误

窘迫　惨死　平日　总归　你们　线圈　生产

被窝儿　状况　丢掉　对偶　衰败　懊悔　飞快

照射　虐待　主人翁　只好　儿童　情不自禁　了解

能源　数量　搜查　瓜瓤儿　强化　功率　面条儿

创新　混合　镇压　存在　眯缝　难受

图书在版编目（CIP）数据

普通话水平测试训练教材／唐若石，陈丽菊编. --福州：福建人民出版社，2011.9（2022.9 重印）

ISBN 978-7-211-06354-3

Ⅰ.①普... Ⅱ.①唐...②陈... Ⅲ.①普通话—水平考试—教材 Ⅳ.①H102

中国版本图书馆 CIP 数据核字（2011）第 180973 号

普通话水平测试训练教材

PUTONGHUA SHUIPING CESHI XUNLIAN JIAOCAI

编　　者：唐若石　陈丽菊

责任编辑：林俊杰

出版发行：福建人民出版社　　**电　　话：**0591-87533169(发行部)

网　　址：http://www.fjpph.com　　**电子邮箱：**fjpph7211@126.com

地　　址：福州市东水路 76 号　　**邮政编码：**350001

经　　销：福建新华发行（集团）有限责任公司

印　　刷：福州万达印刷有限公司

地　　址：福州市闽侯荆溪镇溪头工业区徐家村 166-1 号

开　　本：787 毫米×1092 毫米　1/16

印　　张：10

字　　数：222 千字

版　　次：2011 年 9 月第 1 版　　2022 年 9 月第 8 次印刷

书　　号：ISBN 978-7-211-06354-3

定　　价：28.00 元

本书如有印装质量问题，影响阅读，请直接向承印厂调换。

版权所有，翻印必究。